スポーツと震災復興

中村祐司 [著]
Yuji Nakamura

成文堂

はしがき

　2011年3月11日の東日本大震災は、スポーツ活動に必要な施設や活動組織に甚大な被害を与え、それ以前の日常において当たり前に存在していたスポーツ環境を破壊した。本書はスポーツをめぐる地方自治、行政、政策に関心を持つ筆者が、震災によって機能停止となったスポーツが置かれた状況の一端を把握し、そこから多くのスポーツ関係者や関係組織の支援協力によって、復旧・復興に向かういくつもの道筋となるケースとそれらを考察する上での枠組を何とか提示しようと、自分なりに奮闘し、主に所属する学部の紀要に執筆した7本の論考から構成されている。

　震災の風化が指摘されるようになって久しい。これまで震災復興をめぐる書籍の刊行は多々あるが、スポーツに焦点を絞ったものは決して多いとはいえない。しかし、実際にはスポーツ活動やスポーツ事業による震災復旧・復興の実践例は枚挙にいとまがない。それらの多くは、世代を問わず当該地域の人々、あるいは当該地域に入った人々による地味な実践活動である。本書では被災地の現場への訪問や新聞報道から得た情報をもとに、それら無数のスポーツ復旧・復興活動の一部を整理紹介しつつカテゴリー化することで、後世へ資料的価値と分析枠組みを残そうと試みた。

　第1章「東日本大震災とスポーツ施設」では、現地調査地の公共スポーツ施設機能の損失状況や転用状況、復旧や再稼働への動きや課題を把握・提示した。宮城県気仙沼市における津波被害と仮設住宅への転用、同石巻市の公共スポーツ施設への地震・津波被害の状況、福島県福島市における施設再開の見通しなどをまとめた。現地調査を行った8市の被災地では、多くの公共スポーツ施設が地震、津波、原発事故、液状化のいずれかあるいは複数の影響・被害を受けたこと、また、ハード面での損壊や使用目的の転用など様々であり、その程度も施設ごとに異なっていたことを明らかにする。

　第2章「地域スポーツガバナンスの枠組み」では、まずスポーツ基本法に

は東日本大震災からの復旧・復興を考える上で重要であると思われるキーワードが存在することに注目した。そして、国と地域、地域と地域、地域におけるスポーツ関係組織・機関、人々が、震災復興において互いにどのように影響を及ぼし合い、どのような好循環が具体的に生じているのかを、スポーツ事業における統治・協治・共治である地域スポーツガバナンスの視点から、震災後のスポーツ行政対応をめぐる好循環、連携、協働の事例を抽出した。岩手県宮古市、福島県広野町・いわき市・南相馬市におけるスポーツ拠点施設の復旧状況を把握した上で、関連の新聞報道を情報源として、復興スポーツ活動をめぐる政府、市場、団体、地域住民の好循環・連携・協働の分析枠組みを提示する。

第3章「スポーツの復興と公共圏の萌芽」では、震災後の教育活動やその範疇を超えたスポーツ支援活動のうち、とくに被災現地の学校スポーツあるいはスポーツ部活動における関係者・関係組織間の連携・協力活動に注目し、関連の新聞報道を主な情報源として、実践事例を抽出した。関係組織間のタテ広がりとヨコ広がりの連携・支援の事例を浮き彫りにした上で、スポーツ部活動をめぐる相互支援のネットワークが生み出しつつある公共圏について、その萌芽の輪郭と中身の特徴について探った。具体的には学校間連携におけるスポーツ支援・受容関係の9事例、学校・企業・チーム・統轄団体等における連携の7事例、大学・NPO・スポーツ団体・チーム・個人による連携の13事例を挙げる。

第4章「スポーツ事業の貢献と地域社会」では、岩手県釜石市において震災後に展開されてきたスポーツ事業に注目し、地元新聞である復興釜石新聞の記事を情報源として、行政、企業、自発組織といった当該事業の主体が、施設、イベント、組織、資金、政策のうち、貢献項目ごとに時系列での位置づけを行った。その結果、たとえばスポーツ施設貢献では、災害時転用から住民間や行政と住民との情報の結節点・拠点としての役割を担いつつあることがわかった。また、スポーツ資金貢献では、事業活動のための重要な資源の調達・提供がさまざまなルートを通じて達成されていた。さらにスポーツ政策貢献では、スポーツ事業に関わる施策や予算そのものが復旧・復興計画

において重要な位置を占めていることがわかった。復興事業におけるスポーツ貢献事業の有意性を検証する。

第5章「地域スポーツによる震災復興」では、被災基礎自治体（岩手県宮古市、同山田町、同大槌町）を直接訪問し当地で得た関連資料と、新聞報道（岩手県大船渡市、同陸前高田市、宮城県石巻市、福島県福島市、同二本松市、同大熊町、同Jヴィレッジ、Jリーグおよび J1湘南ベルマーレによる支援）からの情報にもとづいて、地域スポーツ活動が震災復興に果たす役割を考える上での有用な実践事例を提供した。その結果、宮古市、山田町、大槌町のいずれにおいても、当該地域の生活空間においてスポーツ活動が生活の節目の要所要所で存在していることがわかった。また、部活高校生の奮闘が地域再建への心的側面でのポジティブな影響を及ぼしており、スポーツレジャー活動が観光再建とも関わっていることが明らかになった。さらに、地域の公園機能にスポーツレクリエーション空間は不可欠と捉える住民の認識に注目する。

第6章「復興スポーツ事業の現場」では、スポーツ活動を通じた震災復興に何らかの形で関わってきた実践者とのインタビュや現地で得た資料をもとに、それらを整理・提示し、こうした作業を通じて見出されるであろうスポーツ事業が復興に果たす役割について考察する際の素材を提供した。具体的には、久慈市におけるスポーツ施設、宮古市における港湾スポーツ設備、南三陸町におけるスポーツ活動拠点の復旧事業、石巻市における復旧スポーツ教室事業の展開、登米市における行政の総合型クラブ支援、仙台市市民局文化スポーツ部が主導する復興スポーツ支援事業、相馬市における総合型クラブの奮闘を取り上げた。いずれの現場においても、それがハード事業かソフト事業かにかかわらず、震災からの復興の確実な一助となっていることが見て取れる。

第7章「震災復興と復興五輪」では、震災後に福島県福島市や同郡山市における草の根の組織的スポーツ活動を通じて、避難所支援に尽力した従事者とのインタビュと活動実践記録にもとづき、そこから再確認された地域社会における総合型地域スポーツクラブ等の活動が有する社会的価値を提示した。そして、新聞報道から岩手県、宮城県、福島県の復興五輪関連事業の事

例（岩手県での2020年東京五輪におけるクレー・ライフル射撃競技実施の要望、宮城県での五輪サッカー予選、福島県でのJヴィレッジの再開など）を抽出・紹介し、事業をめぐる課題を明らかにした。スポーツ事業を通じた避難者支援からは、復興支援活動においてスポーツが果たす役割や価値の原型・原点が浮かび上がった。また、今後の復興五輪の事業展開は、スポーツを通じた震災復興の個々の積み重ねと相互のつながりに掛かっていることが示唆される。

　以上のように本書では、震災復興に貢献するスポーツの事例を把握し、展開のあり方を追求したものであるが、その試みは途上であり現在進行形である。2020年東京五輪までの5年間、復興五輪を偽りで終わらせない、地域に根付いたスポーツ諸活動の復興の実践を追い続けていきたい。

　なお、本書に記載している組織の名称や所属・肩書きについては、いずれも各々の執筆時点のものである。

　刊行にあたって、成文堂編集部の篠崎雄彦氏には大変お世話になった。ここに感謝の意を表したい。

2015年10月

中　村　祐　司

初出一覧

第1章　原題「東日本大震災による地域スポーツガバナンス拠点の損失　─被災地公共スポーツ施設の現地調査を通じて─」(『宇都宮大学国際学部研究論集』第33号、2012年)

第2章　原題「スポーツガバナンスにおける好循環・連携・協働の分析枠組み　─震災復興へのスポーツ貢献─」(『宇都宮大学国際学部研究論集』第34号、2012年)

第3章　原題「東日本大震災後のスポーツ支援活動をめぐる新聞報道と公共圏の萌芽　─「連携」と「牽引」の公共圏形成─」(『宇都宮大学国際学部附属多文化公共圏センター年報』第5号、2013年)

第4章　原題「震災復興事業におけるスポーツ事業の貢献　─岩手県釜石市に見られる有意性に注目して─」(『宇都宮大学国際学部研究論集』第36号、2013年)

第5章　原題「地域スポーツ活動による震災復興への貢献は可能か」(『宇都宮大学国際学部研究論集』第37号、2014年)

第6章　原題「東日本大震災後の復興スポーツ事業の展開　─東北地方における現場の取り組みを素材にして─」(『宇都宮大学国際学部研究論集』第38号、2014年)

第7章　原題「スポーツ事業を通じた震災復興と復興五輪」(『宇都宮大学国際学部研究論集』第39号、2015年)

目　次

はしがき
初出一覧

第1章　東日本大震災とスポーツ施設 …………………… 1
　1．東日本大震災と公共スポーツ施設　(1)
　2．福島県郡山市における公共スポーツ施設の放置　(2)
　3．宮城県気仙沼市における津波被害と仮設住宅への転用　(3)
　4．宮城県石巻市における施設への甚大な地震・津波被害　(4)
　5．福島県いわき市における体育館の転用　(5)
　6．岩手県釜石市における施設再開への対応　(6)
　7．千葉県浦安市における公共スポーツ施設の液状化被害　(8)
　8．福島県福島市における施設再開の見通し　(9)
　9．福島県南相馬市における放射線除染　(10)
　10．現地調査から見えてきたこと　(11)

第2章　地域スポーツガバナンスの枠組み ……………… 15
　1．スポーツ基本法と好循環・連携・協働　(15)
　2．東日本大震災後のスポーツ行政対応―現地調査から―　(17)
　3．スポーツ活動をめぐる好循環・連携・協働の分析枠組み　(20)
　4．震災後のスポーツガバナンスは何を志向すべきか　(21)

第3章　スポーツの復興と公共圏の萌芽 ………………… 23
　1．震災とスポーツ支援　(23)
　2．多様な支援・受容関係とその類型　(24)
　3．連携関係の把握のためのキーワード　(30)

viii　目　次

　　　4.　連携と牽引の公共圏形成　(31)
　　資　料　(33)

第4章　スポーツ事業の貢献と地域社会 …………………… 43
　　1.　震災復興事業におけるスポーツ事業貢献　(43)
　　2.　スポーツ施設貢献　(46)
　　3.　スポーツイベント貢献　(47)
　　4.　スポーツ組織貢献　(51)
　　5.　スポーツ資金貢献　(54)
　　6.　スポーツ政策貢献　(58)
　　7.　復興事業におけるスポーツ貢献事業の有意性　(58)

第5章　地域スポーツによる震災復興 …………………… 61
　　1.　震災と地域スポーツ活動　(61)
　　2.　岩手県宮古市・山田町・大槌町における地域スポーツ活動の展開　(62)
　　3.　新聞報道から見る地域スポーツ活動の復興への貢献　(65)
　　4.　スポーツ活動による震災復興貢献への萌芽　(71)

第6章　復興スポーツ事業の現場 …………………… 73
　　1.　震災復興とスポーツ事業　(73)
　　2.　久慈市におけるスポーツ施設の復旧事業　(74)
　　3.　宮古市における港湾スポーツ設備の復旧事業　(75)
　　4.　南三陸町におけるスポーツ活動拠点の復旧事業　(75)
　　5.　石巻市における復旧スポーツ教室事業の展開　(77)
　　6.　登米市における行政の総合型クラブ支援　(78)
　　7.　仙台市市民局文化スポーツ部が主導する復興スポーツ支援事業　(79)
　　8.　相馬市における総合型クラブの奮闘　(80)

  9. 震災後のスポーツ事業をめぐる視点　(82)

第7章　震災復興と復興五輪 ……………………………………… 85
  1. 震災復興と復興五輪との乖離　(85)
  2. スポーツ事業による復興支援の原点　(86)
  3. 復興五輪事業をめぐる課題と可能性　(88)
  4. 復興五輪と社会的責務　(92)

資　料 ……………………………………………………………… 95

第1章　東日本大震災とスポーツ施設

1　東日本大震災と公共スポーツ施設

　地震によって施設のすべての機能が停止状態となったケース、津波によって施設そのものが壊滅してしまったケース、さらには避難所や仮設住宅としてスポーツ以外の目的に転用されたケースなど、東日本大震災によって被災地自治体における体育館・グラウンド・プールなどの公共スポーツ施設は甚大な被害を受けた。震災前には地域スポーツガバナンスの拠点としての役割を果たしていた公共スポーツ施設もまた、未曾有の被害を受けた。

　活動の拠点があってこそのスポーツであり、試合や大会、教室、イベントといったスポーツ諸事業が展開され、人々が交流し、明日以降の諸活動につなげていく。いわば施設が提供する公共スポーツ空間によって、スポーツに関わる行政・企業・住民の連鎖的な営みが日常的に繰り返されてきた。

　こうしたスポーツ諸事業は、当該地域社会において世代間の交流や仲間づくり、健康の維持・増進や生きがいなど、スポーツの範疇を超えた貢献も行ってきた。たとえば地域密着型プロスポーツチームの活躍は、当該地域クラブが拠点とするスタジアムに人々を定期的に集めることで、飲食や交通利用、関連グッズの購入といった波及効果をもたらす。スタジアムや練習場自体がまちづくりのコアとして位置づけられているケースもある。

　また、公共スポーツ施設は、図書館や公民館、文化ホールなどその他の公共施設と共に、住民が愛着を持って接しているケースは多い。このように公共スポーツ施設は、スポーツ諸事業に関わる当該地域社会の人々、行政、企業、団体など関係者や関係機関相互の統治・協治・共治である地域スポーツガバナンスの拠点機能を有している。

2　第1章　東日本大震災とスポーツ施設

　以下では、東日本大震災後の被災地自治体の現地調査を通じて直接的に入手した情報や資料をもとに、各々の現地調査時点における公共スポーツ施設機能の損失状況や転用状況、復旧や再稼働への動きや課題を把握・提示する。そしてこうした検討作業から何が読み取れるのか考察する。

　被災地における公共スポーツ施設の最近の稼動状況については、インターネットに代表される電子媒体から得ることも、ある程度は可能である。しかし、ウェッブ上のデータや映像では、直接訪問による施設損壊の程度や周辺の環境、施設内の状況などは把握できないし、自治体ホームページからは入手できない資料や担当職員からの聞き取り情報を得る機会も多い。現地に足を運んで得た情報をもとにした考察が、新たな問題の視覚や論点提示につながる。

2　福島県郡山市における公共スポーツ施設の放置
（2011年5月31日現地調査）

　郡山総合体育館の窓ガラスは複数箇所で割れており、館内アリーナへの立ち入りは禁止されていた。ロビーでは放射線測定を受け付け、体育館小館の2階は自衛隊が駐留していた。開成山公園内の野球場ではグラウンドの土の入れ替え作業を行っており、陸上競技場のフィールドに至る通路や観客席下のスペースには支援物資が山積みされ、トラックグラウンド使用再開の見通しは立っていなかった[1]。

　郡山市は2011年6月28日・29日に開成山野球場で開催されるプロ野球公式戦（巨人の一軍戦は1988年以来23年ぶりの開催）を復興試合と位置づけていた。開成山野球場は、多くの福島県民にとって「野球の聖地」であり、2010年4月に改修を終え、防災機能が強化された。今回の大震災において、市災害対策本部や避難所、給水場所など、市民生活復旧のための防災拠点となった[2]。

　郡山市の公共スポーツ施設の開館・休館状況は以下のとおりである

1　2011年5月15日の郡山市総合体育館および陸上競技場における聞き取りによる。
2　郡山市総合政策部広聴広報課「広報こおりやま第613号」（2011年6月）裏表紙。

図表1　郡山市の公共スポーツ施設の開館・休館状況（2011年5月15日現在）

> **開館**　ふるさとの森スポーツパーク、相撲場、西部広場（ソフトボール）、郡山・西部庭球場、スポーツ広場（三穂田、逢瀬、湖南、田村、東部、西田）、磐梯熱海スポーツパーク（体育館、サッカー場、多目的広場、スケート場）、磐梯熱海アイスアリーナ、日和田野球場、多田野運動広場、白岩運動広場
>
> **休館**　総合体育館、開成山総合運動場（野球場、陸上競技場、弓道場）、東部体育館、スポーツ広場（片平、安積、喜久田、中田）、丸守少年運動場、西部体育館、西部第二体育館、西部サッカー場

資料：郡山市総合政策部広聴広報課「市の施設　開館・休館情報」26頁より。

3　宮城県気仙沼市における津波被害と仮設住宅への転用
（2011年6月14日現地調査）

　訪問時は市役所においても情報入手ができず、沿岸部の被害は甚大で施設の被害状況も確認できなかった。後日入手した情報をもとに、気仙沼市における施設開館状況を以下のようにまとめた。

図表2　気仙沼市の公共スポーツ施設の震災後の状況（2011年9月23日現在[3]）

> **利用可能**　反松公園、五右衛門ケ原運動場、鹿折みどりのふれあい広場、南運動広場、大島みどりのふれあい広場、水梨コミュニティ広場、本吉山田大名広場、大曲コミュニティセンター（テニスコート2面）、福祉の里（テニスコート2面）
>
> **仮設住宅への転用**　気仙沼市総合体育館（バスケットボール・スケートボード・フリークライミング）の駐車場、気仙沼公園（市民グラウンド）
>
> **利用不可能**　気仙沼市営野球場、唐桑運動場の唐桑体育館、気仙沼

3　気仙沼市については現地での情報が取得できず別資料を使用。

市本吉総合体育館（テニスコート２面）、市営テニスコート（４面）

資料：気仙沼市「主な運動施設」「当分の間利用できない社会教育・文化・体育施設」（『各避難所・市民の皆様へお知らせ（2011年９月23日（金）配布）』）６頁より。

４　宮城県石巻市における施設への甚大な地震・津波被害
（2011年６月18日現地調査）

　石巻市総合体育館はメインアリーナをはじめ、更衣室や幼児室に至るまで支援物資が天井まで届きそうなほど山積されており、館内全体が段ボールの山であった。体育館管理者からの聞き取りによれば、総合体育館は遺体安置所として使用されたこともあるせいか、気持ちの面でも市民から開館の要望は出ていない。しかし、テニスなどスポーツで体を動かしたいとの要望は複数受けており、再開の見通しの立たない施設が多く苦慮している[4]。

図表３　石巻市の公共スポーツ施設への地震・津波被害の状況（2011年６月18日現在）

使用可　河南中央公園、押切沼公園、石巻市桃生野球場、石巻市桃生植立山公園（ソフトボール場、テニスコート、ゲートボール場、マレットゴルフ場）
一部使用可　石巻市牡鹿交流センター（温水プール使用不可）、石巻市にっこりサンパーク（仮設住宅に使用。ただしテニスコートのみ使用可）
状況不明　石巻市桃生武道館、石巻市桃生相撲場
使用不可・転用　石巻市総合体育館（支援物資保管。また、遺体安置所となったこともあり閉鎖中）、石巻野球場（仮設住宅に使用）、石巻市民プール、稲井テニスコート（仮設住宅に使用）、山下屋内運動場（支援物資保管場所に使用）、総合運動公園（石巻市民球場、石巻フットボール場、石巻ふれあいグラウンド。自衛隊・消防隊の基地に使用）、石巻市河北総合センター（避難所に使用）、石巻市河北農林漁業者トレーニングセンター、石巻市河北福地体育研修センター（避難

---

[4]　2011年６月18日の石巻市総合体育館における聞き取りによる。

所、支援物資保管場所に使用)、石巻市河北飯野体育研修センター (避難所、支援物資保管場所に使用)、追波川河川運動公園 (仮設住宅に使用)、石巻市雄勝B&G海洋センター、石巻市雄勝グラウンド、石巻市河南体育センター (避難所に使用)、遊楽館 (避難所に使用)、石巻市桃生テニスコート (休止)、石巻市桃生多目的グラウンド (仮設住宅に使用)、石巻市桃生太田地区児童プール (休止)、石巻市桃生高須賀地区児童プール (休止だが夏期には使用可能予定)、石巻市桃生農業者トレーニングセンター (避難所に使用)、石巻市牡鹿体育館、石巻市牡鹿清崎運動公園 (休止)、石巻市網地島テニスコート

資料：2011年6月18日における石巻市総合体育館管理者への聞き取りおよび石巻市広報担当の入手資料から筆者作成。なお、使用不可のいずれもが地震・津波被害による。

　気仙沼市では、ＮＰＯ法人「石巻スポーツ振興サポートセンター」の主催で、同年6月5日に被災商品復興フリーマーケットが開催された。石巻市中心商店街の被災した店舗が集まり、津波により水没したり、震災による被害を受けたりした商品を洗浄・修理して販売した[5]。

5　福島県いわき市における体育館の転用
（2011年6月28日現地調査）

　いわき市平体育館は被害の大きかった久ノ浜地区の住民の避難所となっていた。市職員への聞き取りによれば、いわき市内のスポーツ施設で実際に使用されているのは2割程度である。いわき市のスポーツ施設[6]は、総合体育館一つ（いわき市立総合体育館）、地域体育館一つ（いわき市立南部アリーナ）、地区体育館6館（そのうちいわき市立平体育館は避難所に使用）、コミュニティセンター一つ、陸上競技場（陸上競技場と補助競技場）、テニスコート2カ所、野球場一つ、多目的スタジアム一つ、市民運動場12カ所、弓道場3カ所、市民プール2カ所であるが、現地調査時の開館情報は不明であった。

　同日の新聞報道[7]によれば、市内の避難所は「高久公民館、平体育館、福

5　石巻市ＮＰＯ支援オフィス『月刊 んぽん舗 第94号 平成23年6月号』（2011年6月10日）。

6　いわき市保健体育課（スポーツ振興担当）資料「体育施設の概要」。

島高専、小名浜公民館、泉公民館、勿来市民公民館、南の森スポーツパーク、関船体育館、内郷コミュニティセンター、四倉高、好間公民館、田人ふれあい館、石住集会所」で、記載4カ所のスポーツ施設が使用不可であると推測できた。また、震災1カ月後の同年4月10日の時点では、「市立の体育施設は、全て当面休館」[8]であった。

6　岩手県釜石市における施設再開への対応
(2011年7月11日現地調査)

もともとは旧新日鉄の所有であった釜石市市民体育館は、損壊被害を受け鉄骨がゆがんだが、避難所として使用されている。修繕に数千万円はかかり、修繕するかどうかは未定である。釜石中妻体育館も損壊被害を受けた。唐丹グラウンドと水海多目的広場は流出被害を受けた。その他にも平田公園野球場や平田公園多目的広場の駐車場、昭和園グラウンド（過去に旧新日鉄から市が購入）も仮設住宅に使用している。唐丹グラウンドや水海多目的広場はがれき置き場に、釜石市中妻体育館や市民交流センター（旧労働省の建物）の体育館は避難所になっている[9]。

「復興釜石新聞」によれば、釜石市大平町の市営プールの屋内温水プールを同年7月3日に再開し、安全を祈願し無料で市民らに開放した。屋外の3施設は同3日までに水を満たし、温度の上昇を待つこととなった。大震災で給水・排水管の不具合、プールサイドの亀裂や段差が生じたが、改修工事を急ぎ、オープンを例年同様にこぎ着けた[10]。

また、釜石市で仮設住宅の建設が始まったのは、震災から8日目の3月19日であった。被災市町村では仮設住宅の建設用地の確保に苦労する中、釜石市では比較的早いペースで建設が進んでいて、「上中島の多目的グラウンド

7　福島民友新聞「東日本大震災　緊急生活情報」(2011年6月28日付)。
8　いわき市行政経営部広報広聴課「市内の主な公共施設の開館状況（4月10日現在)」(『広報いわき臨時号』(2011年4月18日発行)。
9　2011年7月11日の釜石市教育委員会生涯学習スポーツ課における聞き取りによる。
10　復興釜石新聞「夏へ市営プール再開」(第8号。2011年7月6日付)。

や旧小佐野中、松島のサッカー場など、新日鉄釜石製鉄所が一等地を提供してくれたことで弾みがついた」といわれる[11]。

仮設住宅への入居状況について、昭和園グラウンド118戸、中小川近隣公園運動広場66戸、市民体育館周辺113戸が挙げられ、着工状況については、同年5月23日着工の新日鉄松倉サッカー場138戸、平田多目的グラウンド240戸、同6月3日着工の平田公園野球場隣接地42戸が、「仮設住宅進捗状況」として示された[12]。

以上のような聞き取りと新聞報道から得た情報に加え、現地で入手した資料[13]から釜石市におけるスポーツ施設状況を以下のようにまとめた。

図表4　釜石市における公共スポーツ施設の転用状況（2011年7月11日現在）

使用可　釜石市陸上競技場、釜石市民弓道場、釜石市民相撲場、平田公園クラブハウス、昭和園クラブハウス、市営プール（修繕し再開） 避難所へ転用　釜石市民体育館（損壊を修繕）、市民交流センター（同）、釜石中妻体育館 仮設住宅へ転用　多目的広場、平田公園野球場（隣接地を使用）、平田公園多目的広場、昭和園グラウンド がれき置き場へ転用　唐丹グラウンド、水海多目的広場

資料：2011年7月11日の釜石市教育委員会生涯学習スポーツ課における聞き取り、復興釜石新聞「夏へ市営プール再開」（第8号。2011年7月6日付）、同「釜石市からのお知らせ　仮設住宅進捗状況」、同「仮設住宅20日までに完成」（第9号。2011年7月9日付）、釜石市資料「釜石市のスポーツ関連施設　体育施設の状況」から作成。

同年7月23日に訪問した宮城県塩釜市では、「公民館（本町分室含）・エスプ・遊ホール・市民図書館・塩釜ガス体育館・ユープル（温水プール）・新浜公園グランド、市民開放している各小中学校の体育館・校庭」が使用休止となっていた[14]。

11　同「仮設住宅20日までに完成」（第9号。2011年7月9日付）。
12　前掲第8号「釜石市からのお知らせ　仮設住宅進捗状況」。
13　釜石市資料「釜石市のスポーツ関連施設　体育施設の状況」。

7　千葉県浦安市における公共スポーツ施設の液状化被害
（2011年7月30日現地調査）

　震災当時は市の運動公園総合体育館・プールで帰宅困難者約2,000人を2晩ほどメインアリーナで受け入れた。武道場2部屋とサブアリーナも使用した。翌日に電車が動き帰宅が可能となった。テニスコートについては復旧のめどが立っていない。施設の復旧に関わる国からの資金提供を当てにしているが、スポーツ施設については復旧費をめぐる国の優先順位が高いとはいえない。また、プールの場合、可動式の床の部分が歪んでしまい、修繕には多額の費用が掛かる。

　同年5月21日に市が自前で財源を調達し、体育館が再開した。とくにこの地区は市内の中でも地盤が弱く、上下水道が復旧するのに2カ月かかった。今後、国（文科省）の補助金を得る可能性はある[15]。この運動公園総合体育館では、弓道場における「弓道コース（4月5日～5月31日）」と「アーチェリーコース（5月14日～5月30日）」は中止となっている。また、「当面の間」毎週水曜日は休館とした[16]。

　浦安市における公共スポーツ施設の稼動状況は以下の図表5のようにまとめられる。

図表5　浦安市における公共スポーツ施設の稼動状況（2011年7月30日）

使用可　浦安市中央武道館、浦安市運動公園屋内水泳プール（ただし、震災復旧のための経費削減・節電のため、「当面の間」、毎週水曜日は休館、また浴室サウナは全面休止）、東野プール、高洲中央公園テニスコート、高洲球技場、高洲中央公園少年野球場、美浜運動公園少年野球場、美浜テニスコート、美浜運動公園テニスコート
一部使用不可　浦安市中央公園テニスコート（6面のうち使用可は

14　塩釜市「広報しおがま　3.11 東日本大震災　号外　No.2」（2011年4月11日発行）4頁。
15　2011年7月30日の浦安市運動公園事務所における聞き取りによる。
16　浦安市運動公園総合体育館資料「浦安市総合体育館弓道場利用について」より。

B面～F面の5面)、高洲テニスコート(4面のうち使用可はA面とB面の2面)、舞浜テニスコート(2面のうち使用可はA面)
　使用不可　浦安市運動公園テニスコート、浦安市中央公園野球場、浦安市運動公園野球場、今川球技場、浦安市運動公園サッカー場、大三角公園少年野球場、浦安市運動公園スポーツコート、明海球技場

資料:2011年7月30日における浦安市運動公園事務所における聞き取り、浦安市教育委員会市民スポーツ課「浦安市体育施設利用案内」(1-6頁)、浦安市運動公園総合体育館資料「浦安市総合体育館弓道場利用について」から作成。

8　福島県福島市における施設再開の見通し
（2011年8月10日現地調査）

　福島体育館は入口周辺にはロープが張られ立ち入り禁止となっていた。福島市スポーツ振興公社が提供する情報をもとに、市内公共スポーツ施設の利用可能状況をまとめた。

　図表6　福島市における公共スポーツ施設の利用可能状況（2011年7月6日現在）

　利用可　国体記念体育館（2011年8月1日より）、信夫ケ丘球場、十六沼公園（体育館・テニスコート・スポーツ広場・サッカー場・スケートボードパーク）、森合運動公園（庭球場・弓道場）、南体育館、西部体育館、クレー射撃場、運動公園（荒川・松川・信夫ケ丘・長老橋・須川運動公園）、相撲場
　一部利用可　飯坂野球場（グラウンド部分のみ利用可）、湯野地区体育館（体育館は休館中で開館日は未定。グラウンドは利用可）
　利用不可　福島体育館、武道館（2012年1月より開館予定）、森合市民プール、中央市民プール、東部体育館（2011年9月1日より開館予定）

資料:公益財団法人福島市スポーツ振興公社「福島市スポーツ振興公社管理体育施設の利用について（2011年7月6日現在）」（『スポーツふくしま 2011年夏号』63号）から作成。

　いわゆるハコモノ行政における類似施設である公共文化施設について、福島県では、県文化センター、図書館、美術館、博物館、文化財センター、ア

クアマリンふくしまの県立6文化施設は県文化センターを除き、震災の影響を残しながらも再開している。

　再開に向けたプロセスについて、「県では文科省の災害復旧の補助金申請をし、採択されれば国庫補助事業として調査、査定に入るプランで動いて」おり、行政の基本的スタンスは「現状機能の回復による修繕」に置かれている[17]。しかし一方で、県文化センターの場合、建設後40年以上が経過しており、移転や建て替えをめぐる論議を俎上に載せる時期でもある。修繕に踏み切れば、建て替えは遠のくこととなり、この点についての政策判断が問われている。このことは、被災地における多くの公共スポーツ施設が今後直面する課題である。

9　福島県南相馬市における放射線除染
（2011月9月29日現地調査）

　南相馬市は地区によっては緊急時避難準備区域に設定された影響で、公共スポーツ施設の除染作業が重い課題で、施設利用は除染作業後になる特殊事情もあり、立ち入りが禁止の警戒区域における施設再開の見通しは立っていない。国による放射線規制が掛かっており、市の努力だけではどうしようもない状況に置かれている[18]。博物館・図書館については住民から夏季の空調利用の要望が多く、中央図書館など開館に踏み切ったところもある。

17　「震災で忘れ去られた県文化センター」（『月刊　財界ふくしま』(2011年8月号) 58-60頁より。
18　2011月9月29日における南相馬市教育委員会事務局教育総務課での聞き取りおよび同総務課での入手資料「スポーツ施設」より。なお、現地で入手した南相馬市災害対策本部の「南相馬市放射性物質　除染カレンダー」によれば、「南相馬市では、市内の公共施設や小中学校の通学路の除染を行います。除染作業の計画がまとまりましたので、お知らせいたします。なお、警戒区域内の施設などについては、警戒区域の設定が解除された後、改めて除染作業の計画を作成することにします」と説明している。

図表7　南相馬市における施設の除染をめぐるスケジュール（2011月9月29日現在）

> **2011年8月中旬から同下旬まで**　前原体育館（鹿島区の施設で臨時の学校として使用）
>
> **2011年9月中旬から2012年3月中旬まで**　（いずれも原町区内の施設。除染作業は12月と1月は除く）。北神田運動場、萱浜ニュースポーツ広場、雲雀ケ原陸上競技場、夜ノ森テニスコート、南相馬市サッカー場、原町ふれあいドーム、南相馬市弓道場、北新田野球場（がれき置き場として使用）、スポーツセンター（支援物資の置き場として使用）、南相馬市野球場、南相馬市相撲場、南相馬市テニスコート、南相馬市プール、栄町柔剣道場（思い出の品の保管場所でボランティア運営）、小川町体育館（遺体安置所として使用）

資料：2011年9月29日における南相馬市教育委員会事務局教育総務課での聞き取りおよび同総務課での入手資料「スポーツ施設」から作成。

10　現地調査から見えてきたこと

現地調査[19]を行った8市の被災地では、多くの公共スポーツ施設が地震、

---

[19] 宮城県名取市（2011年8月31日現地調査）では沿岸部閖上地区のスポーツ施設の被害状況を直接確認しようと試みた。施設に近づくことはできなかったものの、遠方でも甚大な津波被害を目視することができた。インターネット情報によれば、名取市内における主要なスポーツ施設である市民体育館、第2海浜公園スポーツ施設、名取市サイクルスポーツセンター、閖上海浜プールは、震災後いずれも閉鎖中であり、再開については未定となっている（名取市HP「くらしのインデックス　スポーツ・文化施設」2011年9月26日現在）。
http://www.city.natori.miyagi.jp/kurashi/education/node_5165
　また、茨城県東海村（2011年9月30日現地調査）では過去潤沢な資金を投じたと推察される複数の公共スポーツを見て回る機会があった。学校施設（たとえば総合体育館隣の中学校のグラウンド）についても、広さや照明灯の完備など恵まれた施設環境であることが見て取れた。その際の入手資料「東海村スポーツ施設 利用案内」によれば、東海村のスポーツ施設設置状況は以下のとおりである。
● 「東海村テニスコート」（砂入り人工芝コート10面、更衣室・シャワー室付きのクラブハウス）：村外の団体・個人が利用する場合は、使用料は100％増。水戸地方広

津波、原発事故、液状化のいずれかあるいは複数の影響・被害を受けていた。ハード面での損壊や使用目的の転用など様々であり、その程度も施設ごとに異なっている。

郡山市では地震による施設の損壊に加え、開館が可能な施設における放射線の除染作業（土壌の入れ替えなど）に直面していた。旧庁舎が閉鎖され、隣接する新庁舎への機能移管など、スポーツ政策領域以外での震災対応が山積しており、施設の復旧にはほど遠く、開成山総合運動場の野球場野球場を除けば、放置されているように見受けられた。

気仙沼市では施設の被害状況を直接確認することはできなかった。しかし、仮設住宅への転用など既存のスポーツ施設が災害対応における貴重な空間となっていることが窺われた。また、石巻市の場合、実に多くの施設ががれき置き場、避難所、仮設住宅、支援物資保管場所などに転用されたことがわかった。こうした施設転用をスポーツ活動空間の喪失とみるのか、スポーツ施設が関わる新たな機能の出現とみるのかによって、今後の公共スポーツ施設の捉え方や方向性が変わってくるものと思われる。

いわき市では平体育館は被害の大きかった久ノ浜地区の住民の避難所となっていた。避難所生活のルール設定、物資や支援の受け付け、衛生面や部

域圏市町村圏内（水戸市、ひたちなか市、那珂市、笠間市、茨城町、城里町）の住民は村内料金。
- ●「東海村総合体育館」（メインコート、サブコート、格技場、弓道場、トレーニングルーム）。
- ●「東海スイミングプラザ」（25ﾒｰﾄﾙプール、徒歩プール、スライダープール、子供プール、男子・女子更衣室、男子・女子シャワー室、医務室）：テニスコートと同じ利用料金差の設定。
- ●「阿漕ヶ浦公園」（1面は夜間照明付きの野球場2面、ホッケー場兼サッカー場2面）：村内・広域圏内利用者と村外利用者との間に使用＊村外利用料金は村内の1.5倍。ただし、水戸地方広域圏市町村圏内は村内料金。
- ●「久慈川河川敷運動場」（ソフトボール場8面、サッカー場4面）：無料だが村外利用者には使用制限。
- ●「東海南中学校夜間照明グラウンド」：村外利用者の利用料金は村内利用者の2.5倍。

外者侵入に対する注意・警戒など、体育館内での避難所生活はボランティアなど様々な支援者なしでは成り立たない。また、体育館に隣接するグラウンドは避難所関係者の駐車場として使用され、施設全体が災害拠点として機能していた。釜石市でも施設の転用状況（仮設住宅、がれき置き場）を把握できた。

　浦安市では、液状化によって運動公園内のグラウンドが所々で盛り上がっていたり、体育館の土台と地面との間に段差が生じていたり、入口階段の段差の間隔が一様でないなど、復旧には津波被害とは異なる類の重い課題が突き付けられていた。

　福島市では地震被害からの復旧に加えて、放射線問題による子どもたちの屋外施設利用制限が目立った。さらに、南相馬市の場合は国が設定した複数の規制区域が市内を分断し、修繕事業にも入れないという状況が続いていた。

　現地調査を通じ、その時期や移動範囲などをめぐる限界を認識した一方で、被災地現場での聞き取りや直接的な資料入手によって、机上のデータ把握のみでは見えてこない政策対応の動態を、たとえ部分的であるにせよ把握できたように思われる。移動手段についても鉄道や徒歩・自転車の利用を通じて見えてくる被災状況と、見落としてしまう被災状況があることを知った。このことは自動車など他の移動手段を用いた際にもいえるであろう。

第 2 章　地域スポーツガバナンスの枠組み

1　スポーツ基本法と好循環・連携・協働

　2011年6月に成立（同年8月に施行）したスポーツ基本法（以下、基本法）は、1961年制定のスポーツ振興法以来、50年ぶりの全面改正であり、そこには東日本大震災からの復旧・復興を考える上で重要であると思われるキーワードが存在する。基本法前文にある「好循環」[1]と、条文中に複数にわたって登場する「連携」「協働」がそれである。

　とくに好循環については、2010年の文科省「スポーツ立国戦略」[2]における記載がもととなっている。基本法では、エリートスポーツ競技者が引退後

---

[1]　「好循環」は以下のように、スポーツ基本法においては前文に登場する。すなわち、「地域におけるスポーツを推進する中から優れたスポーツ選手が育まれ、そのスポーツ選手が地域におけるスポーツの推進に寄与することは、スポーツに係る多様な主体の連携と協働による我が国のスポーツの発展を支える好循環をもたらす」という記述である。

[2]　スポーツ立国戦略（2010年8月）では5つの重点戦略、すなわち、①ライフステージに応じたスポーツ機会の創造、②世界で競い合うトップアスリートの育成・強化、③スポーツ界の連携・協働による「好循環」の創出、④スポーツ界における透明性や公平・公正性の向上、⑤社会全体でスポーツを支える基盤の整備、が掲げられた。③の「好循環」について、参議院文教科学委員会調査室の後藤雅貴氏（2011年9月現在）は、好循環の考え方が、民主党と自民党の溝を埋めたと指摘している。すなわち、当時の文部科学副大臣の上記委員会（2000年6月16日）における発言（「頂点を上げれば視野が広がるし、視野が広がれば頂点も上がる」）を引用して、エリート競技者がセカンドキャリアとして草の根スポーツのリーダーなることで、前者を重視した自民党と後者を重視した民主党との「溝」が埋まったと位置づけている（参議院事務局企画調整室編『立法と調査』No.320、2011年9月、52頁）。

に、たとえば総合型クラブのクラブマネージャーとして、当該地域における草の根スポーツの担い手となるといったことが想定されている。選手自身にとってもキャリアパスが開かれることとなるし、かつては国際レベルで活躍した競技者に身近に接することで、多世代に及ぶ総合型クラブのメンバー（住民）にとっても活動を継続するインセンティブが高まるといった指摘である。

総合型クラブについては、寄付文化の浸透や財源難の克服はそんなに簡単なことではないといった根源的課題が指摘されているものの、スポーツ基本法において、生涯スポーツ実践者と一流の競技スポーツに従事した者とが、お互いにウイン・ウインの関係構築に踏みだそうとする斬新性が打ち出されたことは事実であろう。

そして、基本法における「連携と協働」という記載[3]に注目すれば、それは好循環と同じく前文にあり、かつ好循環と同一文章の記載として、「スポーツに係る多様な主体の連携と協働」と明記されている。そして、「連携及び協働」という記載は、第7条の条文タイトル「関係者相互の連携及び協働」に入っており、同条には「国、独立行政法人、地方公共団体、学校、スポーツ団体及び民間事業者その他の関係者は、基本理念の実現を図るため、相互に連携を図りながら協働するよう努めなければならない」とある。

ところで、「スポーツ立国戦略」における2つの基本的な考え方は、連携・協働の推進と「する人、観る人、支える（育てる）人」の重視であった。このように好循環・連携・協働、そして立国戦略におけるスポーツ活動従事者に限定しないところの「人」の重視に注目するならば、基本法では、まさ

---

3 基本法条文中の「連携」については、「スポーツに係る多様な主体の連携」（前文）、「家庭及び地域における活動の相互の連携」（第2条1項）、「スポーツに関する競技水準（以下「競技水準」という。）の向上に資する諸施策相互の有機的な連携」（同条6項）など、全条文中に多用されている。第18条（スポーツ産業の事業者との連携等）にも、「国は、（省略）スポーツ団体とスポーツ産業の事業者との連携及び協力の促進その他の必要な施策を講ずるものとする」とある。また、「協働」については連携ほどではないものの、「人々がその居住する地域において、主体的に協働することにより」（第2条3項）といった具合に用いられている。

に広い意味でのスポーツ「関係者」による連携・協働が目指されているといえる。

　以下、東日本大震災後のスポーツ行政対応についての現地調査活動で得られた関連情報を提示した後に、「好循環」概念の敷衍を行う。そして、スポーツガバナンス、すなわち、国と地域、地域と地域、さらには地域におけるスポーツ関係組織・機関・人が、とくに震災復興の側面でどのような影響を及ぼしつつあり、今後、どのような具体的好循環がもたらされる可能性があるのかを、新聞報道をもとに作成した好循環・連携・協働をめぐる分析枠組みを提示することで捉えていきたい。

2　東日本大震災後のスポーツ行政対応—現地調査から—

（1）国立スポーツ施設と東京都の震災対応—避難訓練、節電、復興行事、長期ビジョン—

　国立霞ヶ丘競技場（トレーニングセンター、体育館、室内水泳場等）では、2011年6月28日に東海沖地震の発生（マグニチュード9.0　震度6強）を想定して避難誘導訓練（防災センターから地震発生の非常放送、営業施設窓口スタッフによる利用者の避難誘導、テナント関係者及び国立競技場職員自身の避難誘導）を実施した[4]。

　また、国立のスポーツ施設は電力需要の多い大規模なものが多く、震災に伴う福島第1原発事故による電力需給逼迫への対応が迫られた。具体的には、当事の独立行政法人日本スポーツ振興センター（NAASH）が所管する国立競技場（東京都新宿区）、代々木第1体育館・第2体育館（東京都渋谷区）、国立スポーツ科学センター（JISS）・ナショナルトレーニングセンター（NTC）などの節電対応（2011年7月1日から同年9月9日までの国の電力制限令の対象期間）であった。NAASHでは、最大電力（1日のピーク電力）を15％削減するために、「夏期節電対策アクションプラン」をまとめ、実施した[5]。

---

[4]　独立行政法人日本スポーツ振興センター『国立競技場』（2011年9月号、第587号）6頁。

第 2 章 地域スポーツガバナンスの枠組み

　さらに、同年10月10日には JISS、NTC、赤羽スポーツの森公園競技場での恒例行事「スポーツ祭り2011」に加えて、「復興支援ストリート」と「福島キッズスポーツ祭りツアー」を企画し、前者では憩いの広場での東北物産展、復興写真展、オリンピアンチャリティー活動を行い、後者では福島第1原発事故の影響で屋外活動を制限されていた地域スポーツ少年団を招待した[6]。

　国のスポーツ施設[7]による対応事例はその規模こそ異なれ、全国に点在する公立スポーツ施設でも迫られている地震等の災害への対応や節電対策、スポーツを通じた復興支援の雛形になり得る事業である。

　震災は首都東京におけるスポーツ振興の中身にも影響を及ぼしている。東京が「大震災を乗り越え」るために策定した長期ビジョンである「2020年の東京」では、8つの目標の一つに「誰もがスポーツに親しみ、子供たちに夢を与える社会を創る」（スポーツ祭東京2013の開催）が掲げられ、目標達成のための12プロジェクトの一つに、「四大スポーツクラスタープロジェクト」（2020年オリンピック・パラリンピック競技大会開催実現と、神宮・駒沢・臨海・武蔵野の森の整備）が設定されている[8]。

---

[5] たとえば代々木第1体育館・第2体育館では、スポーツイベントの開催時に、「競技に悪影響を及ぼさない範囲で、限界までアリーナ天井照明を間引いて点灯」したとある（同、2011年11月号、第588号、7頁）。

[6] 同、2012年1月号、第589号、8頁。

[7] 2012年1月17日における国立代々木競技場内スポーツ振興センターへの訪問調査による聞き取りや入手資料による。

[8] 2012年2月20日の東京都庁訪問時の入手資料「広報 東京都」（2012年2月号、第797号、1-2頁）。なお、震災への対応ではないものの、地域のプロスポーツと行政との連携という点で、横浜市では、「プロスポーツチームの支援」事業を掲げ、「より地域に密着したチームづくりの支援として、各チームが地域と連携して行う事業に対し助成」するとして、2012年度予算に1,000万円（前年度は500万円）を計上している。対象チームはプロ野球のDeNAベイスターズ、プロサッカーの横浜F・マリノスと横浜FC、プロバスケットボールの横浜ビー・コルセアーズである（2012年2月14日における横浜市役所への訪問調査時の入手資料『平成24年度予算案について〜成果結実の年〜』2012年2月、58頁）。

（2）被災地自治体におけるスポーツ拠点施設の復旧状況―岩手県宮古市、福島県広野町・いわき市・南相馬市―

　岩手県宮古市民総合体育館（財団法人宮古市体育協会が体育館内に事務所を設け管理運営に従事）に活動拠点を置く総合型地域スポーツクラブ（以下、総合型クラブ）の「シーアリーナスポーツクラブ」は、トレーニングルームの利用や"エンジョイスポーツクラス"といった各種「オリジナルプログラム」の提供、小学生対象の"キッズトレーニングクラス"、中学生対象の"スプリント・アカデミー"を維持していた。

　一方で、海岸に近く、がれき置き場の一画となっていた同市田老地区の野球場は、一塁側ベンチと一部内野席スタンドを除けば、球場のほとんどが土砂に埋もれており、震災前に野球場が存在していたことが認識できないほどの損害を受けていた[9]。

　町内全域が緊急時避難準備区域となった福島県広野町において、訪問時（2012年2月18日）には町の総合型クラブ「広野みかんクラブ」の活動も休止状態が続いていた。広野町公民館内の事務局は閉鎖され、隣接する体育館も利用不可であった。除染工事関係者以外の姿は見当たらず、町役場の職員もほとんどおらず、広野町総合グラウンド、広野小・中学校でも体育館同様立入禁止となっており、グラウンドでは除染作業が継続していた。「平成23年度　総合型地域スポーツクラブマネージャー活動報告書」（2011年6月20日）によれば、「避難所や仮設住宅を訪問し、ウォーキングをはじめとする運動教室」の実施を目指しているという[10]。

　被災地自治体の公共スポーツ施設について復旧の兆しを示す行政の取り組みが、少しずつ進んでいる例として、たとえば福島県いわき市では、勿来、四倉、小川、田人、久之浜の各市民運動場、市陸上競技場補助競技場、小名

9　宮古市総合体育館や同市田老地区への現地調査（2011年11月5日・6日現在）。
10　同広野町現地調査および「平成23年度　総合型地域スポーツクラブマネージャー活動報告書」（2012年2月現在）。
　http://naash.go.jp/sinko/Portals/0/sinko/sinko/kuji/H23cmhoukoku-nichi/302cmhoukoku.pdf#search

浜港運動施設が「再開時期未定」となっているものの、南部アリーナ、小名浜武道館、関船体育館が2012年度中の再開予定施設、平体育館と遠野市民運動場が2013年4月再開予定施設となっている[11]。

福島県南相馬市は、「復興を最優先に実現できる組織の構築」と「厳しさを増す財政状況」への対応として、2012年4月から市の組織機構を改革した。教育委員会所管であった生涯学習課とスポーツ振興課を「文化スポーツ課」に統合し、これを市民生活部に移管した[12]。このように震災対応の過程でスポーツ行政部門が首長部局に移管された事例は希少であると思われる。

3　スポーツ活動をめぐる好循環・連携・協働の分析枠組み

以上のように国、東京都、岩手県宮古市、福島県広野町・いわき市・南相馬市における現地調査および入手資料から、国にせよ地方自治体にせよ、震災後のスポーツ活動環境の復旧・復興には、当該自治体単独の努力では質的にも量的にも限界があり、基本法でいうところの関係者間の相互連携が不可欠であることがわかる。スポーツ活動をめぐるネットワーク形成のあり方が、これからのスポーツガバナンスには問われているのである。

スポーツ立国戦略や基本法ではエリート競技経験者と総合型クラブとの相互の連携・協働が志向されているが、もっと波及的かつ地域包括性のある好循環のあり方に注目し、好循環を国・地方の多面的・複線的なスポーツガバナンスと結んだ形で捉え直すこととする。基本法ではあくまでも地域と国とをつなぐ垂直的好循環について述べているのであって、国・地方・地域の各層ごとの水平的好循環に言及したものではないからである。現実のスポーツガバナンスでは、国と国、地方と地方、地域と地域といったように、相互の連携・協働には水平的な諸要素も含まれる。すなわち、スポーツガバナンス

---

[11] いずれも2011年10月20日現在。2012年2月18日の福島県いわき市・広野町の現地調査時における入手資料『広報いわき』(2011年11月号、第544号、6頁)による。

[12] 2012年3月24日の福島県南相馬市訪問時の入手資料「広報 みなみそうま おしらせ版」(2012年3月、2-5頁)。

における好循環とはあらゆるスポーツ関係者間の水平的垂直的な連携・協働が縦横無尽にない交ぜになった動態をいうのである。

そこで、こうしたスポーツ世界におけるいわば、国、地方、地域社会（コミュニティ）の各層レベルの、垂直的・水平的好循環の萌芽的な実践事例を新聞報道からピックアップし、そこから各層次元間の相互ベクトル作用として捉えたところの好循環の分析枠組みを提示することとしたい。

縦軸および横軸に関係諸アクターが属する諸次元を、国家、地方自治体（都道府県と市町村）、民間事業者、地域社会（コミュニティ）に類型化し、さらに、好循環の相互作用における最初の働きかけをベクトルとして提示し、縦軸の各次元・諸層の関係アクターから横軸のそれへの好循環の契機となる最初の働きかけに相当する作動（ベクトル）に注目した。

こうした分析枠組みを設定した上で、東日本大震災後の朝日、毎日、日経、読売、産経、下野の各新聞報道から、震災の復旧・復興に関連する事例に限定せずに、広く各層レベルのスポーツ好循環の事例を拾って掲載したものが、「スポーツ活動をめぐる政府、市場、団体、地域住民の好循環・連携・協働の分析枠組みと諸事業」である。

この分析枠組みは、東日本大震災による被害を受けたあらゆる現地のスポーツ活動を通じた復旧・復興実践のあり方を考える上で多くの示唆を提示しているように思われる。また、現場との関わりを通じて初めて達成されるところの、当該地域・定住者を軸としたスポーツガバナンスの好循環・連携・協働のあり方をも示唆しているのではないだろうか。（巻末の資料参照）

4　震災後のスポーツガバナンスは何を志向すべきか

これまでの日本のスポーツを振り返るならば、プロ・アマ問題、市場（マーケット）や商業主義の拡大、指導者をめぐる課題など、旧スポーツ振興法では現代の趨勢に適応できなくなったことは明白であった。市場の側面に注目すれば、2006年9月のスポーツ振興基本計画改訂版やスポーツ立国戦略に共通するのは、スポーツ振興が市場に好影響を及ぼすという認識である。

しかし、市場の論理にはスポーツにとって逆ベクトルが存在するという事実がある。

競技ルールをテレビ視聴時間内で完結するよう変更し、選手のコンディションにとって必ずしも適切ではない時間帯の競技に実施するなど、市場がスポーツに与える負のベクトルの存在がある。基本法の条文、とくに第7条を基盤にこうした欠如を克服する役割が付与されなければならない。

また、国や自治体の財源難がボランティア利用を加速化させる側面もある。震災で生まれた絆と同様、協働という言葉には、イメージ先行、責任の所在の不明確化、熟慮の放棄といった克服すべき課題が内包している。誰が誰に対して働きかけるのか、どの組織がどのようなベクトルを発して行動するのかが、実証的に明らかにされなければならない。

図表中における好循環の事例でいえば、野球の独立リーグである「四国アイランドリーグ・愛媛」の地域貢献活動がある。愛媛は年間150回以上の地域貢献活動を球団存続のために実施した。自らのスポーツ活動環境を確保するために、子どもたちの登下校の見守り・声かけ役を買って出て、地域行事にも積極的に参加した。すると、自治体行政がやるべきことを肩代わりしてくれているという認識が広まり、愛媛県や県内市町による球団助成金の提供に至った。さらにこうした球団・行政連携に対する信頼が多くの地元企業によるスポンサー出資につながった。また、やはり野球のBCリーグ・信濃では、地域貢献活動に積極的な選手の地元企業就職が、指導者（学校関係者）のBCリーグへの送り出しを促進しているという事実もある。そのような意味でスポーツ活動には、他の政策領域の追随を許さない好循環を生み出す原動力があるのではないだろうか。

第3章　スポーツの復興と公共圏の萌芽

1　震災とスポーツ支援

　東日本大震災から2年近くが経過した現時点（執筆時の2013年1月）において、復旧・復興の遅れを指摘する声は多い。甚大な津波被害を受けた沿岸部では、たとえば高台等への住居の移転や復興住宅の設置をめぐり、住民と行政、住民と住民、さらには被災現地自治体と県や国との間での、復興資金の確保や使途のあり方等を含む見解の相違や摩擦が顕在化している。
　産業面でも漁業や既存産業の復旧あるいは新規産業立ち上げの事例は見られるものの、総じて、こうした沿岸部産業の復興は遅遅として進んでいないのが現状である。
　震災直後の原発事故による放射能の拡散は、原発立地自治体、その周辺自治体、さらには複数の広域自治体レベルにまたがる形で、田園、森林、河川のみならず日常生活の拠点となる住居に至るまで影響を及ぼした。子どもたちへの健康被害の懸念、地元産の食材・食品への放射能汚染の懸念、風評被害がもたらした観光産業への打撃、被災地県外への住民の転出、震災前の雇用の喪失など、今なお災時・災後の困難な状況は続いている。
　震災は、平時であれば安定的かつ継続的に営まれていた教育活動に対しても、その基盤を根こそぎ奪い、多大な打撃を与え、活動を断ち切った。
　しかし一方で、ボランティアや私的セクターによる避難所での学習支援、他の自治体や国からのハード面・ソフト面での教育支援、他自治体による教員の受け入れ、被災を免れた学校による被災児童の受け入れやサテライト校の設置など、学校教育活動を途切れさせない対応が継続されてきた。
　本章では、震災後の教育活動やその範疇を超えたスポーツ支援活動のう

ち、とくに被災現地の学校スポーツあるいはスポーツ部活動における関係者・関係組織間の連携・協力活動に注目し、関連の新聞報道を主な情報源として、実践事例を抽出する。そして、諸事例に見られるところの共通の特徴、課題克服策、活動継続の要因、さらには今後の課題などを明らかにしたい。

たとえ避難による生活拠点の移動があったとしても、震災後の学校教育活動の継続は、国（文部科学省）、広域自治体、基礎自治体、そして当該地域社会・コミュニティにとって最優先といってもいい重要課題であった。たとえば公共スポーツ施設におけるレクリエーションスポーツ活動環境の復旧は後回しになったとしても、スポーツ部活動を含む学校教育活動は再開されなければいけないという共通認識には確固としたものがあり、今日に至っている。

こうした問題意識から、関係組織間のタテ広がりとヨコ広がりの連携・支援の事例を浮き彫りにした上で、スポーツ部活動をめぐる相互支援のネットワークが生み出しつつある公共圏について、その萌芽の輪郭と中身の特徴についても言及したい。

以下、震災後の一定期間（2011年5月から同年10月まで）の、新聞主要各紙の学校スポーツ・部活動をめぐる特集記事を検討の対象として、関係者間の支援提供と支援受容の相互作用が生み出しつつある部分的かつ萌芽的な公共圏に注目する。そしてこうした多くの部分的萌芽的公共圏を、関係者間の支援・受容の働きかけの相互ベクトルの中身に応じて類型化し、各々の特質を明らかにしたい。さらに、それぞれの公共圏形成に共通して見られる特徴を探る。

2 多様な支援・受容関係とその類型

対象とした新聞報道から得られる情報は確かに断片的かつ間接的なものである。しかし、各種メディアにおいて新聞が記載する事実行為自体の信頼性には相対的に高いものがあるし、検証対象を幅広く設定することができるという利点がある。

こうした事実行為、とりわけそこで登場する関係者（アクター）の存在に注目するならば、実に多様な支援・受容関係の展開が見て取れる。そこで、まず、関係者の日常の活動拠点が被災現地か被災現地外か[1]を区分け（カッコで表示）しつつ、関係者間の支援・受容関係を学校間連携を軸に提示したものが図表1[2]である。なお、図表中には敢えて関係諸アクターの存在に焦点を絞り、活動内容や背景についての記載は行わなかった。諸事例の内容については「資料」として別に掲載した。

そして図表2[3]は、学校以外にも企業や企業チーム、社会人チーム、統轄団体などが積極的に支援・受容関係に参入している諸事例に注目し作成したものである。

---

[1] 本章で用いる「現地」と「現地外」について、現地とは主として岩手県、宮城県、福島県において震災被害を受けた学校等を念頭に置いた。しかし、関係者間の支援・受容関係において、支援側が震災被害を受けたとしても、両者の関係で相対的に支援側に位置するケースもある。3県以外であっても、たとえば栃木県の事例に見られる損傷被害を受けた学校やスポーツ公共施設のカッコ書きには現地と記載した。また、「部活」と「部活選手」の違いは明確ではないものの、当該新聞報道における文脈から、学校運動部に焦点を当てた記載となっているものについては部活、個人に焦点を当てた記載となっているものについては部活選手とした。学校と学校長についても同様に新聞報道の文脈から区分けした。また、企業チームそのものか、企業チームの監督・コーチ・選手かといった区分けについても同様に考えた。ただし、文脈から判断して並列に記載した場合もある。

[2] 出典については以下の新聞報道（いずれも朝刊）による（表中の番号と符号）。掲載記事内容（筆者による一部引用や一部削除、要旨抽出を行った）は章末の「資料」として掲載した。1. 毎日新聞2011年8月26日付「被災地で開かれた高校総体」)。2. 毎日新聞2011年6月20日付「部活動が被災生徒の励みに」)。3. 毎日新聞2011年9月10日付「連合チームで部活継続」)。4. 毎日新聞2011年7月21日付「東北への思いを込めて　希望の夏　インターハイを目指して」)。5. 毎日新聞2011年8月26日付「被災地で開かれた高校総体」)。6. 朝日新聞2011年4月26日付「勝って町を元気に　ライバルからも支援物資」。7. 下野新聞2011年4月13日付「グラウンド貸与　練習"アシスト"」)。8. 朝日新聞2011年6月18日付「野球の絆にありがとう」)。9. 読売新聞2011年6月24日付「姉妹校提携　息長く援助」)。

図表1　学校間連携におけるスポーツ支援・受容関係の9事例

支援・受容関係	主要なアクター
1．高校部活選手（現地）―他競技の高校選手（現地）	岩手県立釜石高の選手、岩手県の他の競技の選手
2．中学部活（現地）―中学部活（現地）―保護者―企業（現地）	岩手県大船渡市立大船渡中、市立赤崎中
3．高校（現地）―高校（現地）―高校部活選手（現地）―全国的高校スポーツ統轄団体	双葉高（福島県双葉町）、開成高（福島県郡山市）、原町高（同県南相馬市）、相馬農高（同）、浪江高（同県浪江町）、福島明成高（福島市）
4．部活高校生（現地）―高校部活（現地外）―全国的高校スポーツ統轄団体	福島県南相馬市の小高工高、京都橘高、福島県大熊町の双葉翔陽高、栃木県のさくら清修高
5．高校部活（現地）―高校部活（現地外）―部活監督（現地）―高校選手（現地）―高校選手（現地外）―愛好家（現地外）	岩手県立宮古高、宮古商高、滋賀県立膳所高
6．高校部活（現地）―高校部活（現地外）	岩手県大船渡市の大船渡高、北海道の鵡川（むかわ）高
7．高校部活・監督（現地外）―高校部活・監督（現地）	矢板中央高、尚志高（福島県郡山市）、仙台市の聖和学園高
8．高校部活（現地外）―高校部活（現地）―高校父母会（現地外）	盛岡大付高、釜石市や宮古地区の学校、岩手県内の沿岸の学校、宮城県の本吉響高、気仙沼西高
9．中学校部活（現地）―中学校部活（現地外）―中学校父母会（現地外）	一関市立一関中学校、陸前高田市立第一中学校

注：筆者作成。出典については註2に記載。

3　出典については以下の新聞報道。1.毎日新聞2011年7月22日付「心の傷　乗り越えて」。2.毎日新聞2011年9月6日付「震災4カ月で卓球場」。3.日本経済新聞2011年8月3日付「ピッチで戦えなくても」）。4.毎日新聞2011年10月21日付「被災地に希望を」。5.下野新聞2011年5月25日付「練習場所求め郊外へ」。6.毎日新聞2011年5月10日付「優しさが強さ支える」。7.下野新聞2011年5月26日付「代替開催　準備に追われる関係者」。

図表2　学校・企業・チーム・統轄団体等における連携の7事例

連携関係	関係諸アクター
1．高校部活（現地）―保護者・地域住民（現地）―知人（現地）―部活監督（現地）―高校選手（現地）―国外スポーツ競技統轄連盟―国内スポーツ競技統轄連盟	石巻商工、保護者、地域住民、スロバキアのカヌー連盟、日本カヌー連盟
2．地元愛好家（現地）―中学校部活OB（現地）―子どもたち（現地）―中学校部活生徒（現地）―企業（現地外）―医師・看護師（現地）	「復興米崎卓球会館」（陸前高田市の米崎地区）、米崎地区や近隣の卓球愛好家、米崎中学校卓球部OB会、盛岡市の施工会社「木ごごち」、用具会社の「日本卓球」
3．社会人チーム選手（現地）―小学校長（現地）―小学生（現地）―子ども（現地）	サッカーの東北社会人リーグ2部のコバルトーレ女川（宮城県女川町）、避難所の小学校
4．企業チーム・コーチ・選手（現地外）―企業チームの支社（現地）―子どもたち（現地）	大阪市・日本生命、石巻市と福島県郡山市の子どもたち（計約140人）
5．中学校（現地）―公共施設（現地）―小学校（現地）	市貝中、市貝町農業者トレーニングセンター、市貝町内の小学校、高根沢町阿久津小、他校や町有の施設
6．高校部活（現地外）―地元地域（現地外）	京都市立伏見工業高校、京都市内の地域
7．高校スポーツ統轄団体（県レベル。現地・現地外）―広域の各高校スポーツ競技団体（関東レベル。現地・現地外）	栃木県高体連、桜美林高体育館（東京・町田市）、橘高体育館（神奈川・川崎市）、弥栄高体育館（神奈川・相模原市）、前橋市民体育館（前橋市）、栃木県総合運動公園相撲場、宇商高体育館

注：筆者作成。出典については註3に記載。

第3章 スポーツの復興と公共圏の萌芽

学校間連携や学校以外の諸アクターも積極的に関わる連携以外にも、大学、NPO、スポーツ団体、チーム、さらには個人などが単独で起点となって牽引するところの連携が存在する。それらをまとめたものが図表3[4]である。

図表3　大学・NPO・スポーツ団体・チーム・個人による連携の13事例

連携関係	関係諸アクター
1．スポーツNPO（現地）—小学生（現地）—社会人チーム・選手（現地外）—公共施設（現地）—企業施設（現地）—児童施設（幼稚園・保育園。現地）	**NPO法人石巻スポーツ振興センター**、地元の小学生、日本フットボールリーグ（JFL）のソニー仙台、避難所の子供、日本製紙石巻の厚生用グラウンド
2．大学・大学生（現地）—高校・高校生（現地）—スポーツ法人・東京都（現地外）—中学部活生徒（現地）—地域スポーツクラブ（現地）	**福島大人間発達文化学類スポーツ専攻「スポーツ企画演習」**、原町高、小高工高、双葉高などのサテライト校、相馬東高、福島商高など受け入れ校の約10校、一般社団法人「日本アスリート会議」、東京都、宮城県の仙台大、石巻専修大
3．全国的スポーツ統轄団体（現地外）・選手—全国的競技統轄団体・選手（現地外）—小学生（現地）	日本体育協会、日本オリンピック委員会（JOC）、**日本サッカー協会**、被災地の全小学校
4．一流選手（個人）—小中学生（現地）—小中学校（現地外）—小学校（現地）	気仙沼市出身でパラリンピック走り幅跳び日本代表（下肢切断クラス）の**佐藤真海**、現地の小中学生、市立気仙沼小

4　出典については以下の新聞報道。1.毎日新聞2011年9月7日付「まず子供たちを元気に」。2.毎日新聞2011年9月9日付「地元大学を軸に支援」。3.毎日新聞2011年3月26日付「小学校に選手派遣」。4.毎日新聞2011年8月26日付「被災した故郷を支援しながらパラリンピックを目指す」。5.朝日新聞2011年4月26日付「勝って町を元気にライバルからも支援物資」。6.毎日新聞2011年4月27日付「『何かしたい』思いは共通」。7.日本経済新聞2011年6月5日付「未来のファン　元気に」。8.毎日新聞2011年5月1日付「復興へキックオフ」。9.日本経済新聞2011年6月5日付「未来のファン　元気に」。10.日本経済新聞2011年6月1日付「アマの甘えから脱する」）。11.朝日新聞2011年5月27日付「再輝へ」。12.下野新聞2011年5月28日付「プロチームの役割再確認」）。13.日本経済新聞2011年5月28日付「社員のボランティア応援」。

2 多様な支援・受容関係とその類型

5．個人（現地外）―高校部活（現地外）―高校部活（現地）	福島県いわき市出身のスポーツライター**瀬川ふみ子**、いわき海星高、小名浜高校、プロ野球西武、社会人野球のパナソニック、帝京高野球部（東京）	
6．スポーツ競技リーグの監督・チーム―被災現地―大学（現地外。損傷）	バレーのプレミアリーグ男子・FC東京の盛岡市出身**吉田清司**総監督、プレミア男子の境、堺の本拠地の新日鉄堺体育館、順天大、筑波大	
7．地域密着型プロスポーツチームの職員・チアリーダー（現地外）―小中学校生徒（現地）	プロバスケットボール・bjリーグの**仙台89ERSの職員・チアリーダー**、被災現地の小中学生	
8．中学校部活―地域スポーツ競技団体（現地外）―小中学校（現地）―中学校部活（現地）―公共施設（現地外）	岩手県陸前高田市立第一中サッカー部、**遠野市サッカー協会**、岩手、宮城両県の5チーム、盛岡、遠野両市のチーム、岩手県一関市や住田町の公営グラウンドや体育館	
9．社会人チーム（現地外）―児童（現地）	サッカー東北社会人リーグ1部の**福島ユナイテッド**、福島市サッカー協会、県内の児童、	
10．社会人チームの選手・スタッフ（現地）―避難所の子どもたち（現地）―小中学校生徒（現地）、幼稚園児童（現地）―障害者（現地）	宮城県多賀城市にある日本フットボールリーグJFL **ソニー仙台の選手**、スタッフ、避難所2カ所の子どもたち、小中学校	
11．高校部活（現地）・マネージャー―避難所の人々（現地）	岩手県立大槌高校野球部マネージャーの**山崎陸海**、避難者	
12．地域密着型プロチーム（現地外）―高校部活（現地）―高校部活（現地外）	**日光アイスバックス**、東日本高校アイスホッケー大会出場予定選手	
13．企業チーム（現地外）―被災現地の人々―避難住民や子ども（現地）	**日本IBMアメリカンフットボール部・ラグビー部**、被災現地の子ども	

注：筆者作成。出典については註4に記載。表中諸アクター欄の太字は、連携を牽引するアクター。

3 連携関係の把握のためのキーワード

　以上のように、震災後の学校スポーツ活動等をめぐる関係者の支援・受容や連携の関係を3つのカテゴリー（図表1、図表2、図表3）に分け、被災の現地内外の学校やチーム、企業といった関係諸アクターを一般用語（各表の左側）と具体的呼称（各表の右側）として抽出・掲載した。

　諸事例の一つ一つは震災後の一定期間におけるかつ限定されたメディア（新聞）による断片的な情報取得ではあるものの、それらを合わせればかなりの程度広範囲におよぶ情報網となり、結果としてスポーツ・教育領域において震災復興に寄与する実に多様なアクターの存在が明らかになった。

　各カテゴリーの特徴を挙げれば、まず図表1の学校間連携では、「現地学校内連携」（図表1と図表中の番号である1を1-1と表記。以下同じ）、「現地学校間連携」（1-2, 1-3）、「現地内外学校間連携」（1-4, 1-5, 1-6, 1-7, 1-8, 1-9）といった3つのキーワードないしは類型を見出すことができる。とりわけ3つ目の現地内外学校間連携では、1-5に示したように、ヨットを失った岩手県立宮古高と宮古商高のヨット部に滋賀県立膳所高のヨット班が自らが所有するヨットを贈り、大津市内のヨット愛好家によるヨット輸送支援が呼び水となり、全国からの支援という広がりにつながっていった。

　図表2の学校・企業・チーム・統轄団体等の間での連携状況の場合、「現地地域内連携」（2-1, 2-2）、「社会人チーム（現地）・学校間連携」（2-3）、「現地内外企業間連携」（2-4）、「地域（現地）・学校（現地）間連携」（2-5）、「学校（現地外）・地域（現地外）連携」（2-6）、「統轄団体間（県と広域）連携」（2-7）といったキーワードが挙げられる。ここでは、多様な関係諸アクター間の連携が見られる。たとえば、2-1の石巻商工カヌー部の事例では、艇庫の設置をめぐり、保護者や地域住民による支援活動に加えて、国外（スロバキアカヌー連盟）からのサポートもあった。また、2-2の陸前高田市米崎地区における復興米崎卓球会館の設置をめぐっては、地元の卓球愛好家、米崎中学校卓球部OB会、市外の施行会社「木ごごち」や卓球用具会社「日本卓球」がいず

れも要として寄与している。

　そして、図表3の大学・NPO・スポーツ団体・チーム・個人による連携状況において、いずれの事例においても復旧・復興への牽引者の存在を指摘できる。すなわち、牽引者としての「現地NPO」(3-1)、「現地大学」(3-2)、「統轄団体（現地外）」(3-3)、「個人（現地外）」(3-4、3-5)、「プロチーム（現地外）」(3-6、3-7)、「地域スポーツ競技団体（現地外）」(3-8)、「現地社会人チーム」(3-9、3-10)、「現地学校」(3-11)、「地域プロチーム（現地外）」(3-12)、「企業チーム（現地外）」(3-13) といったキーワードである。

　3-1においてスポーツNPO法人の「石巻スポーツ振興センター」は、募金活動を通じて運動用具を学校に寄贈したり、日本フットボールリーグ(JFL)ソニー仙台の協力を得つつ、石巻市内の文化施設の敷地や厚生用グラウンド（日本製紙石巻）を使って、スポーツ団体に属していない子どもたちや障害を持つ子どもたちを対象にスポーツを楽しむイベントを開催した。また、幼稚園や保育園でのスポーツ教室も継続しようと奮闘している。

4　連携と牽引の公共圏形成

　図表4は以上のような特質把握のためのキーワードから、表1、表2、表3に提示したところの関係諸アクター間の連携事例を類型として示したものである。

　仮にここで公共圏を、そこに関わる人々や組織が主従や上下の関係なく対等に各々の持つ資源を融通し合う空間であると定義するならば、3つの図表からは、緩やかで細々としてはいるものの、震災がなければ決して形成し得なかった類の新しい公共圏形成の萌芽を見て取ることができる。それはまさに連携と牽引の公共圏であり、そのエリアは水平的・地理的には地域内外、広域内外、国内外へとヨコに広がっているところの支援・受容、相互の連携・寄与のタテの営みであるし、垂直的・重層的には個人・団体・統轄組織や、基礎自治体・広域自治体・国家・国際の間での支援・受容、相互の連携・寄与のタテの営みなのである。

第3章 スポーツの復興と公共圏の萌芽

図表4 連携と牽引の公共圏形成の萌芽

連携関係をめぐるキーワード	表1～表3における該当箇所
連携における公共圏形成の萌芽（連携者）	
① 現地学校内	1-1
② 現地学校間	1-2、1-3
③ 現地内外学校間	1-4、1-5、1-6、1-7、1-8、1-9
③ 現地地域内	2-1、2-2
⑤ 社会人チーム（現地）・学校間	2-3
⑥ 現地内外企業間	2-4
⑦ 地域（現地）・学校（現地）間	2-5
⑧ 学校（現地外）・地域（現地外）	2-6
⑨ 統轄団体間（県と広域）連携	2-7
牽引における公共圏形成の萌芽（牽引者）	
① 現地NPO	3-1
② 現地大学	3-2
③ 統轄団体（現地外）	3-3
④ 個人（現地外）	3-4、3-5
⑤ プロチーム（現地外）	3-6、3-7
⑥ 地域スポーツ競技団体（現地外）	3-8
⑦ 現地社会人チーム	3-9、3-10
⑧ 現地学校	3-11
⑨ 地域プロチーム（現地外）	3-12
⑩ 企業チーム（現地外）	3-13

注：筆者作成。

　本章では、諸事例の表層的・網羅包括的な把握に努めたがゆえに、関係諸アクター間での連携のベクトル、すなわち働きかけとしての作用の方向性について検討はできなかった。学校スポーツ・部活動といった領域に限ったとしても、公共圏萌芽の顕在・潜在の事例は多々あるはずであり、事例の深掘りと発掘が今後の課題である。

資　　料

注：左上端の数字は本章の図表１～図表４に記載の番号と符号している（左数字が図表番号。右数字が図表中の番号。また、新聞報道の出典については西暦下二桁から数字で表記し、新聞社名についても省略表記した。内容については文意を損うことのない範囲で削除等の修正を行った。

1-1　「現地学校内連携」の公共圏萌芽
　　　高校部活選手（現地）―他競技の高校選手（現地）

> 　８月７日に岩手県北上市が会場の高校総体陸上競技最終日において、男子三段跳びで、岩手県立釜石高の松村将寿選手（３年）は、岩手県沿岸部の高校から陸上に出場した、ただ一人の選手だった。競技場の芝生席には岩手県の他の競技の選手ら多くの関係者が詰めかけ横断幕を掲げて、松村選手を応援した。

（110826毎日「被災地で開かれた高校総体」）

1-2　「現地学校間連携」の公共圏萌芽
　　　中学部活（現地）―中学部活（現地）―保護者―企業（現地）

> 　岩手県大船渡市の市立大船渡中に、津波の被害に遭った市立赤崎中が身を寄せている。大船渡中野球部は、仮設住宅が建ち並ぶグラウンドでは、バックネット前の15㍍四方ほどのスペースでトスバッティング、その脇のブルペンで投球練習を行い、残りは校舎の間で簡単な守備練習を行う。中庭や他校のグラウンドなど、体育系11部の活動場所の割り振りが掲示され、体育系の部活は計６部ある赤崎中は、放課後、大船渡湾対岸の生徒の自宅近くまでスクールバスで移動し、病院の体育館や離れたグラウンドでなんとか活動場所を確保している。震災後、学校近くの企業の独身寮にテニスコートがあったことを保護者が思い出し、所有企業の協力を取り付けた。みんなでがれきを取り除き、ハードコート１面を確保した。

（110620毎日「部活動が被災生徒の励みに」）

1-3　高校（現地）―高校（現地）―高校部活選手（現地）―全国的高校スポーツ統轄団体

> 　双葉高（福島県双葉町）は東京電力福島第１原発事故の警戒区域内にあるため、１、２年生計６人の野球部員全員が、他校の教室を借りた「サテライト校」３校に分かれて

学んでいる。あさか開成高（福島県郡山市）に通うのは西山樹さんら2人。西山さんは、双葉高と同じく部員不足となった沿岸部の学校、原町高（同県南相馬市）と相馬農高（同）とで作る連合チーム「相双福島」の一員として地区大会に出場した。

　3年生の大半が部活動を終えた夏以降、高野連が震災特例を認めた野球以外でも、学校の垣根を越えた連合チーム結成の動きが活発になっている。警戒区域の浪江高（同県浪江町）のソフトボール部は、福島明成高（福島市）と8月にチームを結成。原町高や浪江高の陸上部は、4校でチームを作ることを決めた。

（110910毎日「連合チームで部活継続」）

1-4　「現地内外学校間連携」の公共圏萌芽
　　　部活高校生（現地）―高校部活（現地外）―全国的高校スポーツ統轄団体

　福島県南相馬市の小高工高2年生の陸上部員であった新妻唯は、震災発生から2週間あまり後に京都橘高に転校。全国高校体育連盟は、被災地からの転校生について「転校後6カ月未満のものは参加を認めない」とする規定を適用しないよう、各都道府県高体連に依頼。新妻は救済措置を受けた一人。福島県大熊町の双葉翔陽高から4月に栃木県のさくら清修高に転入した富沢悠（3年）は、陸上部入部を決めた（11年6月30日現在で、福島の県外避難者は4万5242人）。

（110721毎日「東北への思い込めて　希望の夏　インターハイを目指して」）

1-5　高校部活（現地）―高校部活（現地外）―部活監督（現地）―高校選手（現地）
　　　―高校選手（現地外）―愛好家（現地外）

　岩手県立宮古高、宮古商高のヨット部は、30艇余りのヨットをすべて津波で流された。そのことを知った滋賀県立膳所高のヨット班の選手たちは、それまで両校との交流はなかったが、同じヨット仲間として何ができるのかを話し合った。生徒から提案を受けたヨット班顧問の山下員徳教諭（48）は当初、ヨットを贈ることが、かえって反発を招かないかと心配し支援には慎重だったという。しかし、山下教諭に、当時の班長、田畠慎也選手（3年）らは、「困っている仲間がいる。少しでも早くヨットを贈りたい」と訴えた。このことを知った大津市内のヨット愛好家たちが車でヨットを運び、輸送費用も負担した。この1艇がきっかけとなり、全国から宮古と宮古商への支援が集まった。

（110826毎日「被災地で開かれた高校総体」）

1-6　高校部活（現地）―高校部活（現地外）―個人（現地外）―高校部活（現地外）
　　　―高校部活（現地）

　岩手県大船渡市。高台にある大船渡高野球部に鵡川（むかわ）（北海道）から物資が

届いたのは、震災発生から3週間が過ぎた頃だ。バット13本、スパイク10足、ユニホーム30着、ベルトや帽子もあった。4月初め、川村桂史監督はボール120個、アンダーシャツ、練習用ユニホーム、ソックスなどを受け取った。送り主は同じ気仙沼市内の気仙沼西・小松英夫監督と本吉響・小野寺三男監督。同市で育った川村監督にとって、小中学校の先輩にあたる。3校は週1回、気仙沼西で合同で練習している。

(110426朝日「勝って町を元気に　ライバルからも支援物資」)

1-7　高校部活・監督（現地外）―高校部活・監督（現地）

矢板中央高が東北の高校サッカー部の練習受け入れを始めた。U-18プレミアリーグ所属の尚志高（福島県郡山市）が福島第一原発事故の影響で練習場所確保に苦慮していると知った矢板中央高・高橋健二監督が「いつでも連取場所を貸すので連絡してほしい」と声を掛け、尚志高の仲村浩二監督が4月9日に練習場の借用を申し入れた。

尚志高サッカー部員約60人は11日から練習を始め、12日午後には矢板中央高と練習試合も実施。‥14日には、昨年全国高校総体に出場した仙台市の聖和学園高が訪れる。高橋監督は「強豪校だけでなく、被災地の多くの学校に使ってもらいたい」と、今後も支援を呼び掛けていく。

(110413下野「グラウンド貸与　練習"アシスト"」)

1-8　高校部活（現地外）―高校部活（現地）―高校父母会（現地外）

盛岡大付はユニホーム一式とバッグを集め、釜石市や宮古地区の学校に送った。段ボール10箱分の物資を岩手県内の沿岸の学校や、宮城の本吉響、気仙沼市に車で届けた。グラウンドが無事な学校は、被害のあったチームを積極的に練習試合に招待し、父母会が昼食にカレーを振る舞った。

(110618朝日「野球の絆にありがとう」)

1-9　中学校部活（現地）―中学校部活（現地外）―中学校父母会（現地外）

6月12日朝、一関市立一関中学校に陸前高田市の市立第一中学校のサッカー部員と引率教員ら32人が到着した。高田一中の校庭には仮設住宅が立ち並び、サッカー部員は平日、近所の公園で限られた練習メニューをこなしている。一関市まで遠征したこの日は、近くの同市立桜町中学校を加えた3校で、大会（岩手県中学校総合体育大会）直前の交流試合が行われた。

交通手段のない高田一中のために、一関市役所のバスで迎えに行った。試合の合間の昼食時間には、一関中サッカー部の父母会がカレーライスと焼き肉を振る舞った。

県内の小学校と中学校の校長会は3月下旬、甚大な被害のあった沿岸部の学校を、被

害の少なかった内陸部の学校が支援する体制作りに着手。これまで子どもたちが街頭で集めた義援金や学用品を提供する物資支援や部活動の交流などが行われている。

(110624読売「姉妹校提携　息長く援助」)

2-1　「現地地域内連携」の公共圏萌芽
　　　高校部活（現地）―保護者・地域住民（現地）―知人（現地）―部活監督（現地）―高校選手（現地）―国外スポーツ競技統轄連盟―国内スポーツ競技統轄連盟

　石巻商工カヌー部は、大震災により艇庫は浸水被害を受け、練習場だった旧北上川には多くのがれきが沈み、使用不能になった。だが、その姿を見た保護者が知人のつてを頼って旧北上川の支流の真野川沿いの空き地を借り、そこに臨時の艇庫をつくった。屋根もなく、部所有の35艇のカヌーを移動させ、真野川で練習を始めると、「少しでも使いやすいように」と、地域住民が土手の草刈りをして環境を整えてくれた。5月、スロバキアのカヌー連盟から、同国で行われるジュニア（中高生）の国際大会に「被災地の有望な選手を招待したい」と日本カヌー連盟を通じて永沼（3年）に打診があった。6月の宮城県予選では4種目7艇が全国大会への出場枠を獲得。

(110722毎日「心の傷　乗り越えて」)

2-2　地元愛好家（現地）―中学校部活OB（現地）―子どもたち（現地）―中学校部活生徒（現地）―企業（現地外）―医師・看護師（現地）

　「復興米崎卓球会館」（陸前高田市の米崎地区）は、地元の愛好家が東日本大震災後、完成させた。震災から1カ月近くを経たある日、米崎地区や近隣の卓球愛好家が集まる機会があった。かつての練習場所だった市民体育館などを震災で失い、無事だった学校も避難所になった。せめて子供たちに再び卓球をやらせてあげられないか。費用は米崎中学校卓球部OB会の会員5人を中心に、自ら出資したり寄付を募ったりして工面した。土地は熊谷さん（会館の事務局長）が、実家の畑だった場所を提供。設計や建築は盛岡市の施工会社「木ごごち」が引き受けてくれた。着工は5月23日。基礎工事ではOB会員らも汗を流した。3週間余りで木造平屋建て124平方㍍の卓球会館が完成。用具も、震災翌日に陸前高田市民体育館で開催予定だった大会の協賛社「日本卓球」から寄贈され、7月18日に正式オープンした。以来、米崎中の卓球部員、市内や隣の大船渡市の卓球クラブの子供たちや愛好者らが連日訪れる。病院の医師や看護師が、つかの間の息抜きに来ることも。

(110906毎日「震災4カ月で卓球場」)

2-3 「社会人チーム（現地）・学校間連携」の公共圏萌芽
　　　社会人チーム選手（現地）―小学校長（現地）―小学生（現地）―子ども（現地）

　サッカーの東北社会人リーグ2部のコバルトーレ女川（宮城県女川町）は津波で事務所も選手寮も失ったが、震災からわずか3日後、避難所の小学校に身を寄せていた選手らに、その学校長から「サッカー教室をしてくれませんか」と声が掛かった。女子生徒も一緒にボールを追って盛り上がったという。選手たちは体を動かしたくて、団地の中にある公園でボールを蹴った。そこに子どもたちが集まってきた。どうせなら一緒にやろうということになり、ストリートサッカーが始まった。偶然、始まった小学校や公園での無料のサッカー教室を定期化。

（110803日経「ピッチで戦えなくても」）

2-4 「現地内外企業間連携」の公共圏萌芽
　　　企業チーム・コーチ・選手（現地外）―企業チームの支社（現地）―子どもたち（現地）

　大阪市・日本生命は8月、石巻市と福島県郡山市で野球教室を行った。野球教室には、計約140人の子どもたちが参加した。

（111021毎日「被災地に希望を」）

2-5 「地域（現地）・学校（現地）間連携」の公共圏萌芽
　　　中学校（現地）―公共施設（現地）―小学校（現地）

　市貝中の部活動は町の体育施設が集中する同公民館周辺で実施。各施設の使用料を免除するなど、町も全面的に支援。室内競技は、同公民館に隣接する町農業者トレーニングセンターを週替わりで使用。同センターを使用できない部は、さらに数キロ離れた町内の小学校まで、自転車で移動する。同センターも一部被災。応急の修復工事を経て、5月23日からバスケットボール部が同センターで練習ができるようになった。
　県内では、小学校でもスポーツ少年団活動に支障が生じている。高根沢町阿久津小をはじめ、4校は校舎などが使用できない。他校や町有の施設を利用して活動を継続している。

（110525下野「練習場所求め校外へ」）

2-6 「学校（現地外）・地域（現地外）連携」の公共圏萌芽
　　　高校部活（現地外）―地元地域（現地外）

　京都市立伏見工業高校のラグビー部員たちは、今回の東日本大震災でも、京都市内で街頭募金活動にあたっている。

（110510毎日「優しさが強さ支える」）

38　第 3 章　スポーツの復興と公共圏の萌芽

2-7　「統轄団体間（県と広域）連携」の公共圏萌芽
　　　高校スポーツ統轄団体（県レベル。現地・現地外）―広域の各高校スポーツ競技団体（関東レベル。現地・現地外）

> 栃木県高体連主催の関東大会（2011年6月）では、バレーボール男子について、当初は鹿沼総合体育館と宇都宮市清原体育館の使用予定であったが、桜美林高体育館（東京・町田市）、橘高体育館（神奈川・川崎市）、弥栄高体育館（神奈川・相模原市）に変更された。バドミントンの場合は、宇都宮市清原体育館（当初。以下同）から前橋市民体育館（前橋市）（変更後。以下同）へ、相撲は霞ヶ浦総合運動公園相撲場（茨城・土浦市）から栃木県総合運動公園相撲場へ、空手道は栃木県体育館から宇商高体育館へそれぞれ変更された。

　　　　　　　　　　　　　　　　　　　（110526下野「代替開催　準備に追われる関係者」）

3-1　「現地 NPO 牽引」の公共圏萌芽
　　　スポーツNPO（現地）―小学生（現地）―社会人チーム・選手（現地外）―公共施設（現地）―企業施設（現地）―児童施設（幼稚園・保育園。現地）

> 8月20日に宮城県石巻市において、NPO法人「石巻スポーツ振興センター」がドッジボールやキックベースなどスポーツを楽しむイベントを開催した。集まった地元の小学生約90人。「復興は5、6年では無理。復興の担い手は、今の小、中学生になる」との考えの下で、子供たちにスポーツに取り組む場を提供したり、募金活動で集めた金で運動用具を学校に寄贈する「わんぱく復興プロジェクト」を始めた。5月5日には、石巻市にある文化施設の敷地内で、同センターのスタッフや日本フットボールリーグ（JFL）のソニー仙台の選手らが協力して散乱するがれきを撤去。約10㍍四方の即席のグラウンドを作り、避難所の子供らとサッカーを楽しんだ。8月20日のイベントも、日本製紙石巻の厚生用グラウンドを借りたものだ。「スポーツ団体に属していない子供や、障害を持つ子供が、スポーツに触れられる場を設けること」を重視している。センターのスタッフは、ボールを持って幼稚園や保育所を訪ねて、サッカー教室を開いている。

　　　　　　　　　　　　　　　　　　　（110907毎日「まず子供たちを元気に」）

資料　39

3-2　「現地大学牽引」の公共圏萌芽
　　　大学・大学生（現地）―高校・高校生（現地）―スポーツ法人・東京都（現地外）―中学部活生徒（現地）―地域スポーツクラブ（現地）

　8月17日、福島大で開かれたイベント「青春スポフェス」。福島県には福島第1原発事故の影響で避難を余儀なくされ、県内の他校に分散して授業を行う「サテライト校」制度をとる高校が8校ある。その生徒や、サテライト受け入れ校の生徒を対象にこのイベントが開かれた。企画したのは福島大人間発達文化学類スポーツ専攻で「スポーツ企画演習」の授業を履修する3年生の学生たちだ。当日は原町高、小高工高、双葉高などのサテライト校、相馬東高、福島商高など受け入れ校の約10校から約200人が集まり、バレーボール、バスケットボール、サッカー、ソフトボールに興じた。
　また、双葉高のバレーボールチームには、震災後に福島西高へ転校した阿部聖也さん（3年）も加わった。サテライトの二本松工高に通う小高工高の天川龍二さん（3年）も、相馬東高に通う同級生とチームを組んだ。
　福島、宮城、岩手の3県では、スポーツの社会貢献活動を行う一般社団法人「日本アスリート会議」と東京都との協力もあり、地元大学を軸にしたスポーツ支援が進む。岩手県では8月27〜28日に、沿岸部の中学6校からバスケット、剣道など4競技の部員165人を岩手大に招き、交流会や講習会を行う「いわてスポーツクリニック」を開いた。▽福島大では、沿岸部の総合型地域スポーツクラブと連携したり、会津地域の雪を生かした冬のイベントなども計画。宮城県でも仙台大や石巻専修大を中心に事業の検討が進む。

(110909「地元大学を軸に支援」)

3-3　「統轄団体（現地外）牽引」の公共圏萌芽
　　　全国的スポーツ統轄団体（現地外）・選手―全国的競技統轄団体・選手（現地外）―小学生（現地）

　日本体育協会と日本オリンピック委員会（JOC）、日本サッカー協会は3月25日、東日本大震災の被災地にある全小学校に選手らを派遣し、子どもたちの心のケアにあたる支援策を固めた。派遣される選手らは研修を受け入れた後に現地を訪れ、子どもたちに向けた「授業」やスポーツなどを通じた心のケアに努める。被災地への支援では、これまで各競技団体がそれぞれ義援金などを送ってきたが、今回の支援策は今後の復旧・復興期を見据えた長期的なもの。

(110326毎日「小学校に選手派遣」)

40　第3章　スポーツの復興と公共圏の萌芽

3-4　「個人（現地外）牽引」の公共圏萌芽
　　　一流選手（個人）―小中学生（現地）―小中学校（現地外）―小学校（現地）

> 　気仙沼市出身でパラリンピック走り幅跳び日本代表（下肢切断クラス）の佐藤真海は、過去に公演活動で訪ねた全国の学校に応援メッセージを依頼し、200人分を集め、5月に現地で小中学生を励まし、今月も支援物資を母校の市立気仙沼小に届けた。

（110826毎日「被災した故郷を支援しながらパラリンピックを目指す」）

3-5　個人（現地外）―高校部活（現地外）―高校部活（現地）

> 　福島県いわき市のいわき海星に地元出身のスポーツライターの呼びかけで全国からグラブやボールが届き、25日、活動を再開した。支援を呼びかけたのは東京在住の瀬川ふみ子さん（40）。取材で親交のあったプロ野球西武の選手や社会人野球のパナソニック、高校野球の強豪・帝京（東京）が応じ、部員20人全員のグラブとスパイク、ボール約15ダースなどがプレゼントされた。再開場所は、約300㌔離れた高台にある小名浜高校。

（110426朝日「勝って町を元気に　ライバルからも支援物資」）

3-6　「プロチーム（現地外）牽引」の公共圏萌芽
　　　スポーツ競技リーグの監督・チーム―被災現地―大学（現地外。損傷）

> 　バレーのプレミアリーグ男子・FC東京の盛岡市出身吉田清司総監督（52）は「被災した高校生選手のために」とユニフォームやジャージーの古着約100着、バレーボール約200個を集め、今月7日に岩手県大船渡市に自家用車で輸送。さらに1週間、車に寝泊まりしながら、がれき撤去などボランティア活動をした。プレミア男子の境は、練習場が損傷した順大や筑波大に本拠地・新日鉄堺体育館（堺市）を計13日間提供。

（110427毎日「『何かしたい』思いは共通」）

3-7　地域密着型プロスポーツチームの職員・チアリーダー（現地外）―小中学校生徒（現地）

> 　プロバスケットボール・bjリーグの仙台89ERSはシーズン途中の3月15日、全12選手とコーチ陣の契約を解除したが、震災発生後、職員やチアリーダーが頻繁に避難所や小中学校を訪問、支援物資を届けたり、体操教室を開くなどしてきた。

（110511産経「地域密着『一番の使命』」）

バスケットボール、bjリーグの仙台89ERSが今月から始めた、小中学生向けバスケットボール教室。生徒数は現在約60人。今後、280人にまで規模を拡大したいという。震災孤児はスクールの授業料を中学校卒業まで無料にする。「キッズスマイルプロジェクト」と銘打って学校の部活動に訪問指導をするなど、地域の子供たちとの絆を強める。

（110605日経「未来のファン　元気に」）

3-8　「地域スポーツ競技団体（現地外）牽引」の公共圏
　　　中学校部活―地域スポーツ競技団体（現地外）―小中学校（現地）―中学校部活（現地）―公共施設（現地外）

　　大震災の仮設住宅建設でグラウンドが使えない岩手県陸前高田市立第一中サッカー部が5月30日、同県遠野市の交流試合に招かれ、震災後初めてピッチに立った。被災を免れた陸前高田市の9小中学校の校庭はいずれも仮設住宅の建設で使えなくなる。試合は遠野市サッカー協会が「ライバル応援サッカー交流会」として企画し、岩手、宮城両県の5チームが招かれ盛岡、遠野両市のチームと対戦した。体育の授業は近くの小中学校体育館で実施し、部活動は、岩手県一関市や住田町の公営グラウンドや体育館を間借りしてバスで移動する方式を検討している。

（110501毎日「復興へキックオフ」）

3-9　「社会人チーム（現地）牽引」の公共圏萌芽
　　　　　社会人チーム（現地外）―児童（現地）

　　サッカー東北社会人リーグ1部の福島ユナイテッドは児童を遠足に連れ出す計画を温める。福島市サッカー協会と共同で、スポンサーを募って実施する考えだ。例えば、県外の山などで思う存分遊ばせた後、帰りにサッカー観戦するといったプラン。

（110605日経「未来のファン　元気に」）

3-10　社会人チームの選手・スタッフ（現地）―避難所の子どもたち（現地）―小中学校生徒（現地）、幼稚園児童（現地）―障害者（現地）

　　宮城県多賀城市にあるソニー仙台（日本フットボールリーグJFL）の選手、スタッフは地域の復興支援に早々と着手した。避難所になっている2施設を交互に1カ月間、訪ね続けて子どものサッカー教室を開いた。その他の催しにも精力的に顔を出し、炊き出しも手伝った。小中学校での授業の支援、幼稚園への巡回指導、聴覚障害者、知的障害者への指導など活動は多岐にわたる。

（110601日経「アマの甘えから脱する」）

第3章 スポーツの復興と公共圏の萌芽

3-11 「学校（現地）牽引」の公共圏萌芽
　　　高校部活（現地）・マネージャー――避難所の人々（現地）

> 岩手県立大槌高校では、グラウンドに並ぶ濃緑のテントと車両の隙間が、野球部の練習場だ。震災当時、部屋には米が10㌔あった。普段は、体づくりのため、マネージャーが炊いておにぎりにし、練習の合間に食べた。「避難してきた人には何も食べ物がない。このお米を使うしかないと思って」とマネージャーの山崎陸海（3年）。

（110527朝日「再輝へ」）

3-12 「地域プロチーム（現地外）牽引」の公共圏萌芽
　　　地域密着型プロチーム（現地外）―高校部活（現地）―高校部活（現地外）

> 日光アイスバックスの主催で「東日本高校アイスホッケーの集い」が開催された。4月1日開幕予定だった「東日本高校アイスホッケー大会」も中止を受けて、地元有志とともに選手が運営を買って出て同集いを開催した。

（110528下野「プロチームの役割再確認」）

3-13 「企業チーム（現地外）牽引」の公共圏
　　　企業チーム（現地外）―被災現地の人々―避難住民や子ども（現地）

> 日本IBMでは5月27日夜、アメリカンフットボール部とラグビー部に所属する社員が宮城県石巻市に向かった。合計70人が7グループに分かれ、3泊4日で泥のかき出しや救援物資の整理などの「力仕事」にあたる。子ども向けのラグビー教室や、避難住民へのストレッチ運動指導も実施する。

（110528日経「社員のボランティア応援」）

第4章　スポーツ事業の貢献と地域社会

1　震災復興事業におけるスポーツ事業貢献

　東日本大震災被災地の広域自治体（県）・基礎自治体（市町村）・地区・コミュニティにおいて、施設・イベント・組織・資金・政策を通じたスポーツ事業貢献が、被災地内外のスポーツ事業主体である行政、企業、自発組織、それらの連携協力組織によって展開されている。いわば、震災復興に寄与する新しい形での地域スポーツガバナンスが構築されつつあるといえる。

　震災は、とくに岩手県、宮城県、福島県の被災市町村のスポーツ施設（行政、学校、企業、競技団体が利用する体育館、グラウンド、総合運動公園など）、学校スポーツ・生涯スポーツ、さらには地域密着型のプロスポーツや競技スポーツに大きな被害を与えた。また、被災地以外であっても国内で開催予定であった国際・全国・広域レベルのスポーツ大会開催の見直しや変更が迫られた。

　公共スポーツ施設の多くは機能不全となり、使用可能なスポーツ施設は他用途（避難所、支援物資の集積場所、遺体安置所、がれき置き場、仮設住宅地、自衛隊等の駐留地、学校教室の代替など）への転用を余儀なくされ、福島県などの学校施設等では放射線の除染作業などに追われた。

　そして、その後のスポーツ施設復旧の優先性は道路や港湾など生活・産業インフラの復旧・復興よりも明らかに低い傾向にあり、震災後2年以上が経過した今日（執筆時点の2013年5月現在）では震災に対する関心の風化傾向すら指摘されている。

　しかし一方で、被災地の広域自治体（県）・基礎自治体（市町村）・地区・コミュニティにおいて、スポーツ事業に関わる被災地内外の団体やNPO、行

政や個人、企業などが相互の連携・協力を通じて、当該地域における良好な社会を形成し、震災復興に寄与するところの地域スポーツガバナンスが構築されつつあることも事実である。ここでいうところの地域スポーツガバナンスとは、スポーツに何らかの形で関わる公的セクター（政府・行政）、私的セクター（企業）、ボランタリーセクター（市民や任意団体、NPOなど）による諸事業が、被災地の広域・都道府県・市町村・地域社会においてネットワークを形成しつつ展開されるところの統治ないしは協治・共治の動態をいう。

震災後には地域密着型スポーツクラブが災害拠点となった事例（塩釜市など）、プロスポーツや競技団体、企業チームによるスポーツイベントを通じた被災地支援（プロ野球やJリーグ、ラグビーチームなど）や復興試合、被災地の総合型地域スポーツクラブによる仮設住宅や避難所先でのスポーツ教室の開催等スポーツ事業の実施（石巻市など）、高校総体の代替会場での実施など、プロとアマを問わずスポーツ界あるいはスポーツに関係するボランタリー組織、企業、スポーツ行政、学校行政による復旧・復興へのポジティブな動きが展開している。

行政による支援も含めた地域社会の新構築にスポーツ事業が発揮し得る貢献力に注目し、たとえば震災後の復興計画に被災地でのスポーツスタジアムの建設を盛り込み、これを復興まちづくりの拠点にすべきだという提言もある。スポーツスタジアムに限らず、スポーツ事業が被災地域においてネットワーク展開できれば、人的交流や結びつきを深め、人的資源・物資・資金の相互恩恵的かつ相乗的な動きが生まれ、被災地の復旧・復興への後押しとなると考える。

スポーツ事業貢献の一つ目は、公共スポーツ施設（グラウンドを含む）の機能使用が震災の復旧・復興プロセスに果たした役割に注目するスポーツの施設貢献である。震災ではとくに津波によって多くの住宅、商業・工業・農業の産業施設が破壊された。公共スポーツ施設も他の公共施設と同様、大きな被害や損傷を受けたものの、先述したような災害時転用がなされた。また、被害や行政の対応策など住民間や行政と住民との情報の結節点としての震災対応拠点機能としての役割も果たした。

二つ目は、震災後にスポーツ大会やスポーツ競技、スポーツ教室の開催といったスポーツのイベント貢献である。たとえば、被災地の住民に対する前向きな生きる力の提供を意図したさまざまな規模のスポーツイベントの開催がそれである。

　三つ目は、上記二つの貢献ルートを担い、実際に施設やイベントを効果的に稼動させるところのスポーツの組織・団体活動に注目した場合のスポーツの組織貢献である。震災発生後、避難所となった体育館での運営、体操や軽い運動の実施の際の指導、スポーツイベント開催の際の企画や運営、参加者との交流に限らず、多くのスポーツ関係組織は物資の運搬やがれき処理などのボランタリーな活動に携わった。

　四つ目がスポーツ事業で用意・調達・流通された金銭・資金の果たす役割に注目したスポーツの資金貢献である。復興には資金の提供・取得・活用が欠かせないからである。

　そして五つ目がスポーツの政策貢献であり、スポーツ事業に関わる政策を通じた復旧・復興計画や施策の立案・実施、関係の法律や条例の制定、制度の変更などがもたらす復興貢献に注目する。こうした五つのスポーツ事業貢献は互いに交錯している。

　そこで本章では、岩手県釜石市において震災後に展開されてきたスポーツ事業に注目し、地元メディアである復興釜石新聞[1]の記事を情報源として、行政、企業、自発組織といった当該事業の主体が、施設、イベント、組織、資金、政策のうち、何によって貢献しているのかという主体と貢献の両軸の観点から、一見個々ばらばらに散逸しているかのような各スポーツ事業の事実行為を、貢献項目ごとに時系列での位置づけを行うこととする。

1　復興釜石新聞は市内全世帯に配布されているとはいうものの、ホームページ等の電子媒体による情報発信はなく、筆者の知る限りでは、釜石市外や岩手県外の者には入手しにくい状況にある。そこで2013年3月9日に釜石市役所を訪問したところ、57部を入手できた次第である。

2 スポーツ施設貢献

　2012年9月12日に、釜石・大槌地区小学校体育連盟主催の同地区小学校陸上記録会が、遠野市の遠野運動公園陸上競技場で開かれた。釜石市陸上競技場が改修工事のため使えず、震災の影響で釜石市内の運動場は仮設住宅が占めることから、市内では会場を確保できなかった[2]。

　同年9月13日に、釜石市ゲートボール協会はゲートボール大会の会場として使用している鈴子町のイベント用大型テント、シープラザ遊の人工芝の更新を市に要望した。同協会加盟チームが使用していたコート12面のうち室浜クラブ（片岸町室浜）と浜町クラブ（中番庫）の2面が津波で流失し、仙寿会（旧小川小）、中小川友の会（旧小川小）などが使用していた5面は仮設住宅用などとして転用されたためである[3]。

　同年10月28日に釜石市甲子町で開かれる第3回仙人峠マラソンを前に14日、大松町内会は約100人が参加して国道沿線は約4㌖の一斉清掃に取り組んだ[4]。

　同年11月10日に、第52回釜石市民駅伝競走大会（市体育協会、市陸上競技会主催）が定内町3丁目の警察アパート前を発着点とする周回コースで行われ、スポーツ少年団、中学校、一般合わせて20チームが参加した[5]。

　釜石市と姉妹都市を結ぶ愛知県東海市の交流団が同年11月23日から2泊3日の日程で釜石を訪問した。24日には、人工芝グラウンドの整備が完了し、前日にプレオープンしたばかりの甲子町の市陸上競技場で地元交流団とサッカーの交流試合を行い、65人の子どもたちが参加した。市陸上競技場では、のり面や照明、駐車場の整備、クラブハウスの観客席などの建設が進められており、翌年春の本格的な利用開始を見込んだ[6]。

2　復興釜石新聞「やむなく遠野で陸上記録会」（2012年9月15日付）。
3　同「シープラザ遊　人口芝老朽化」（2012年9月19日付）。
4　同「仙人峠マラソン大会へ」（2012年10月17日）。
5　同「20チーム　新コースでタスキつなぐ」（2012年11月14日付）。

釜石シーウェイブス（SW）RFC が実行主体となって推進している2019ラグビーワールドカップ（RWC）釜石誘致応援事業の一環で、岩手県出身でサッカー元日本代表の小笠原満男選手（鹿島アントラーズFC）をゲストパネリストに迎えたタウンミーティング「RWCを語る会」が2013年1月11日、釜石市鵜住居町の独立行政法人都市再生機構釜石支援事務所で開かれた。スタジアムの建設が計画されている鵜住居地域の住民ら約100人が参加し、行政、地域住民、元ラグビー選手などがそれぞれの立場で、誘致実現へ向けて意見を交わした[7]。

市民体育館が取り壊されることになり、同年1月17日、桜木町の同体育館で解体安全祈願祭が開かれた。跡地は2013年度中に宅地に造成され、東北横断自動車道釜石秋田線の整備に伴う移転者の代替地として利用されることとなった。震災時には最大で420人が避難した。築50年余りと老朽化も進んでいたことから、市が解体を決定した。新しい市民体育館は、石東中、鵜住居小跡地に建設が計画されているスポーツ・レクリエーション施設への併設が予定された[8]。

3 スポーツイベント貢献

（1）活発なスポーツイベント貢献

2019年に日本で開かれるラグビーワールドカップ（W杯）の釜石誘致運動を盛り上げようと、釜石シーウエイブス（SW）RFCは2012年8月5日、中妻町や上中島町などの商店街に誘致フラッグを掲げた。SWは県の「新しい公共」支援事業を活用し、中心市街地の目抜き通りや仮設商店街などに450本を設置する。中妻中央通商店会や上中島商店会などから約20人が設置作業に協力した。5日から15日まで八幡平市で合宿する流通経済大ラグビー部のうち60人が駆けつけ、力を貸した。事業費は400万円で、誘致フラッグ掲揚

---

6 同「釜石市　東海市　少年サッカー交流」（2012年11月28日付）。
7 同「ラグビーワールドカップ（2019年日本で開催）を釜石で」（2013年1月16日付）。
8 同「スポーツ、文化の拠点として50年余」（2013年1月19日付）。

のほか、タウンミーティングの開催、市内小学生へのミニボール配布などを計画した[9]。

アジアの野球少年が集う「2012BFAA（U-12）アジア選手権大会」（8月17日〜22日、中国・成都市）に日本代表で出場する釜石市の小佐野クラウン野球スポーツ少年団（団員25人）の選手らは同年7月27日、市長を表敬訪問、大会への意気込みを伝えた。大会に招待されるのは選手14人、指導者2人で、保護者16人も同行した[10]。

震災で途絶えた釜石はまゆりトライアスロン国際大会の復活につなげようと同年8月5日、同大会実行委主催のはまゆりオープン・ウオーター・スイムが釜石市鵜住居町の根浜海岸で開かれた。トライアスロン3競技の一つスイムだけで競う大会で、北海道から愛知県まで94人が出場した。会場では埼玉県の法輪太鼓が選手たちを鼓舞し、岩手大などの学生や社会人ボランティア約300人が大会を支えた[11]。

お笑いタレントの間寛平氏が岩手、宮城、福島3県の約440㌔を9日間で縦断する「みちのくマラソン」が同年8月13日、山田町からスタートした。初日は大槌町、釜石市を経て、大船渡市まで約50㌔を駆け抜けた[12]。

ロンドン五輪の柔道・男子73㌔級で銀メダルを獲得した中矢力選手（ALSOK）、同90㌔級銅メダルの西山将士選手（新日本製鉄）、女子63㌔級銅メダルの上野順恵選手の3人が同年8月15日、釜石市内の仮設住宅を訪れ、住民と交流し被災者を激励した[13]。

東北ライフセービングチャレンジ第1回東北ジュニアユースライフセービング競技大会が同年8月11日、釜石市営プールで開かれた。自他の人命を守ることへ関心を高めてもらい、被災地の子どもたちに再び海と向き合える勇気を与えたいと、日本ライフセービング協会東北支部設立準備委員会が企画

9　同「商店街と連携　流経代が協力」（2012年8月8日付）。
10　同「日本代表の小佐野クラウン」（2012年8月8日付）。
11　同「トライアスロン大会復活への力泳」（2012年8月8日付）。
12　同「被災3県440㌔縦断」（2012年8月18日付）。
13　同「メダル手に釜石へ」（2012年8月18日付）。

した。東北各地と東京からライフセービングクラブ（LSC）や高校水泳部、地域のスイミングクラブなど12チーム、小・中・高校生合わせて約130人が参加した[14]。

釜石水泳協会主催の第42回釜石市民水泳大会が同年8月19日、釜石市営プールで開かれた。小学生から一般まで120人が参加した。中学校学年別大会の中止などによる競技機会減少を解消し、近隣のまちとの連携で水泳競技を盛り上げていこうと、遠野・大槌地区の小中学校にも参加を呼びかけ、両地区から約20人が参加した[15]。

（2）多様な地域スポーツイベント貢献

第38回釜石健康マラソン大会（市教育委員会、市体育協会、市陸上競技協会主催）が2012年10月6日、釜石市甲子町大橋の旧釜石鉱山事務所周辺で開かれた。メーン会場となっている同町松倉の市陸上競技場が改修工事中のため、会場を移して実施し、市内外から460人が出場した[16]。

釜石市甲子町、洞関町内会が同年10月14日、30回目の大運動会を洞関地区コミュニティ消防センターのグラウンドで開いた。地区内の避難者アパート（入居76世帯）からも家族連れが見物に訪れた。各種目の勝利チーム出場者には、袋分けした地元産の野菜、子どもにはお菓子などが贈られた。昼食には女性陣が豚汁を振る舞い、恒例の抽選会も行われた。洞関町町内会は1980年に設立、82年から運動会がスタートした。当初は手づくりの別会場で行っていたが、97年にコミュニティセンターの改築とグラウンド整備が実現した。甲子小と甲子中PTA、老人クラブが一体となり、地域のスポーツ行事を継続した[17]。

復興エアロビックスフェスティバル「ガンバレ釜石やっぺしエアロ」が同年10月21日、釜石中体育館で開かれた。釜石市エアロビック協会が主催し、

---

14 同「釜石で東北発　ライフセービング競技会」（2012年8月18日付）。
15 同「小学生〜一般120人が力泳」（2012年8月25日付）。
16 同「秋空の下　さわやかに　軽やかに」（2012年10月10日付）。
17 同「秋晴れの下で大運動会」（2012年10月17日付）。

今年で12回目となり、釜石・大槌地区の愛好者ら約150人が参加した[18]。

第3回かまいし仙人峠マラソン大会（同実行委主催）が同年10月28日、釜石市甲子町大橋の旧釜石鉱山事務所を発着点に行われた。北海道から兵庫まで各地から昨年を240人も上回る1,011人が参加した[19]。

「トモスラン」が同年11月24日、陸前高田市から釜石市までの国道45号などのコースで行われた。被災地や全国から参加した約100人が約60㌔を走り抜いた。沿線の児童、生徒、一般の多数が伴走して応援した[20]。

釜石市ナイターバスケットボール連盟のリーグ戦が10日、2年ぶりに再開した。8チーム、100人が来年3月中旬まで、総当たりで28試合を行った。開会式は小佐野小体育館で行われ、男女50人が参加した[21]。

釜石市卓球協会主催の釜石市民卓球大会「中学生の部」が同年12月23日、嬉石町の市民交流センター体育館で開かれた。釜石・大槌地区の中学校から70人が参加した。2年ぶりとなる今大会は「復興祈念大会」と位置づけられた[22]。

釜石市唐丹町の地区対抗年忘れスカットボール大会（唐丹公民館、唐丹すぽこんクラブ主催、唐丹町町内連合会後援）が同年12月22日、唐丹中体育館で開かれた。地域の幼児から80代まで70人が集まった。少年、60歳以下、75歳以下、76歳以上など年齢別に分け、地区チームの団体戦も兼ねた。このゲームは各地の仮設住宅、集会施設で行われ、健康体操などと組み合わされた[23]。

第7回釜石市長杯スポーツチャンバラ大会が2013年2月17日に中妻体育館で開かれた。市スポーツ推進委員協議会が主催し、市内のほか盛岡市や住田町などから合わせて102人が参加した[24]。

18　同「150人が躍動　汗流す」（2012年10月27日付）。
19　同「復興へ弾みつける釜石マラソン」（2012年10月31日付）。
20　同「『希望の灯り』釜石へ」（2012年11月28日付）。
21　同「ナイターバスケも再開」（2012年12月19日付）。
22　同「復興祈念　70人参加」（2012年12月29日付）。
23　同「スカットボール　地区対抗で楽しむ」（2012年12月29日付）。
24　同「ソフト剣でチャンバラ」（2013年2月20日付）。

4　スポーツ組織貢献

（1）釜石SWが牽引するスポーツ組織貢献

　2012年8月5日開催の「釜石はまゆりオープン・ウオーター・スイム」を前に、会場となる釜石市鵜住居町の根浜海岸までのアクセス道路をきれいにしようと同年7月28日、鵜住居地域会議がごみ拾いを行った。町内会、組合、地域住民ら約40人が参加し、恋の峠から根浜までの市道を歩き、空き缶やタバコの吸い殻などを拾い集めた[25]。

　第6回県古希軟式野球大会が同年7月22日までの3日間、釜石市の平田公園野球場で開かれた。70歳以上の選手からなる9チームが出場した。釜石での開催は2007年以来2回目で、大会は県還暦軟式野球連盟が主催、シルバー釜石が主管した[26]。

　同年7月29日朝、釜石市の上中島仮設団地で、地域住民との交流を深めようと「ラジオ体操の会」が開かれた。仮設住宅の住民や地元の小学生など約250人が参加した。ラジオ体操の会は、住民の孤立を防ぎ、暑さを乗り切る体力づくりに役立てるのが狙いであり、同団地自治会（186世帯）が同年7月から毎週金曜日の午後に行ってきたが、地域住民との交流も深めようと参加を呼びかけ、子どもたちの夏休みに合わせて毎朝続けることにした[27]。

　流通経済大学サッカー部の部員らが同年8月22日、釜石市で支援物資を移送するなどのボランティア活動に取り組んだ。今月18日から25日にかけて二戸市で合宿する中で、被災地の復興作業、幼児から高校生とのサッカーで交流するなどのボランティア活動を展開した。釜石には40人が訪れ、支援物資を保管する旧小川小から旧小佐野中に移す作業などに取り組んだ[28]。

　同年8月25日、ラグビーのトップリーグ（TL）昇格を目指す釜石シーウェ

25　同「根浜のアクセル路をきれいに」（2012年8月1日付）。
26　同「シルバー岩手6連覇」（2012年8月1日付）。
27　同「地域の絆にラジオ体操」（2012年8月1日付）。
28　同「支援物資搬送に汗」（2012年8月25日付）。

52　第4章　スポーツ事業の貢献と地域社会

イブス（SW）RFC を激励するスポンサー、法人サポーター、サポーターの交流会が釜石市大町のホテルサンルート釜石で開かれた。交流会は SW の2012年定期総会に続いて開かれ、SW の選手やサポーターら約80人が出席した[29]。

第1回ラグビーワールドカップ（W 杯）で優勝したニュージーランド代表（オールブラックス）の主将を務め、現在はオークランドの名門クラブチーム「ブルース」の最高経営責任者（CEO）として活躍するアンディ・ダルトン氏が同年9月4日、釜石市長を表敬訪問した。市が準備を進める2019年ラグビー W 杯会場誘致に協力を約束した[30]。

釜石シーウェイブス（SW）RFC 釜石応援団は同年9月11日、ビデオサロンを中妻町の「あるば」で開き、8日に開幕したラグビートップイーストリーグの初戦でヤクルトを破った SW の開幕戦勝利を祝った。この開幕戦を観戦することができなかったメンバーも多かったことからビデオサロンを企画した[31]。

東京都の新日鉄住金本社ラグビー部（NSC ラガー）は同年10月7日、釜石市内2カ所の仮設商店街に「ラグビーワールドカップ（RWC）釜石誘致応援フラッグ」を掲げるボランティア活動を行った。2019年に日本で開かれるRWC を釜石に誘致しようと、釜石シーウェイブス（SW）RFC と地域団体が取り組む誘致応援事業に協力した。同部の選手ら11人が来釜し、大只越町の青葉公園商店街と天神町の復興天神15商店街に合わせて50本のフラッグを掲げた[32]。

（2）身近なスポーツ組織貢献

　全国組織の日本ダンススポーツ連盟は、被災3県に義援金を届けており、同時に、支援の一環でダンス交流の機会も提供しており、それを受けて岩手

29　同「公式戦開幕へ意気上げる」（2012年8月29日付）。
30　同「W 杯釜石誘致に強力 "助っ人"」（2012年9月8日付）。
31　同「SW 開幕戦勝利を祝う」（2012年9月15日付）。
32　同「仮設商店街に RWC 誘致フラッグ」（2012年10月10日付）。

県ダンススポーツ連盟は2012年11月23日、復興支援のダンススポーツ交流会を釜石中体育館で開いた。県内各地から集った愛好者140人が参加した[33]。

釜石市トライアスロン協会は同年11月24日、ランニングセミナーを鵜住居町根浜海岸で開いた。世界的に活躍したトライアスリートで、釜石はまゆりトライアスロン国際大会を育てた選手の一人、マイケル・トリーズ氏が講師を務め、地元と近隣の23人が指導を受けた[34]。

ロンドン五輪ボクシング競技のミドル級金メダリスト村田諒太選手が同年12月4日、鵜住居小学校を訪問した。3年生以上173人の児童らはメダルに触れ、村田選手と握手し、記念撮影するなどして交流した[35]。

ロンドン五輪のレスリングフリースタイル55$_{キロ}$級で銅メダルを獲得した28歳の湯元進一選手（自衛隊）と、双子の兄で北京五輪60$_{キロ}$級銅メダリストの健一選手（ALSOK）が同年12月8日、小佐野小を訪れ、児童らと触れ合った[36]。

釜石市野球スポーツ少年団協会（11チーム）は同年12月8日、約60人が出席し年度の納会を浜町の幸楼で開き、好成績を残した個人やチームを表彰した。優良団賞は、震災でホームグラウンドを失いながら、市内各地で練習を続けた浜っ子、鵜住居、白浜の3チームが受けた[37]。

沿岸南部教育事務所主催の「おとなのためのリラクゼーションセミナー」が同年12月9日、釜石市新町の県釜石地区合同庁舎で開かれ、市内から17人が参加した。2部では、同事務所の保健体育主事で日本体育協会公認スポーツ指導者の佐々木誠氏がバランスボールとストレッチボールを使って腰痛や肩こり、背骨のゆがみ矯正などに効く運動を教えた。仮設住宅などを回り健康体操やニュースポーツの指導にあたる地域スポーツコーディネーターの山田美智子氏は「仮設で暮らす人たちにも伝えたい」と話した[38]。

33　同「140人軽快にステップ」（2012年11月28日付）。
34　同「トライアスロン大会復活へ」（2012年11月28日付）。
35　同「被災地の子どもに元気を」（2012年12月8日付）。
36　同「レスリング　小佐野小で児童らと交流」（2012年12月15日付）。
37　同「3チームに優良団賞」（2012年12月15日付）。

日本プロバスケットボールリーグ（bj リーグ）東地区の岩手ビッグブルズの選手らは同年12月15日、釜石東中学校の仮設校舎を訪れ、バスケットボール部員と交流した。同校のバスケットボール部員は男女合わせて18人で、練習に使う体育館は鵜住居小と共有し、部員の居住地が市内各地に分散するなど厳しい環境にあった[39]。

2019年に日本で開かれるラグビーワールドカップ（W 杯）の釜石誘致運動を盛り上げようと、釜石市鵜住居町の商工業者グループ「鵜住居を新生する会」（35人）は2013年1月11日までに、地区内の国道45号沿いに誘致フラッグを掲げた。鵜住居を新生する会は、グループ補助金事業の一つとして協力。昨年暮れから、地区内の国道45号沿いの500㍍ほどの区間に33本のフラッグを掲げた[40]。

釜石テニス協会は同年2月24日、中妻体育館で「キッズテニス教室」を開いた。NPO 法人テニスチャレンジいわて2020との共催で、2012年12月に現役を引退した元全日本女子ダブルスチャンピオンをコーチに招き、子どもたちにテニスの楽しさを伝えた。小学生約30人が参加した。教室にはスポーツ用品メーカーのヨネックスが協力した。同社は震災後、被災地支援のための「スポーツで笑顔」プロジェクトを立ち上げ、日本トップレベルの選手を派遣して子どもたちなどにテニスやバドミントンを楽しんでもらった[41]。

5　スポーツ資金貢献

東京新橋ロータリークラブはアメリカ・ハワイのホノルル RC とともに取り組む被災地支援活動の一環として、2011年11月16日、大震災で校舎を失った鵜住居小（児童270人）と唐丹小（児童70人）にスポーツ用具を贈った。総額143万円の目録とクラブのバナーも贈った。スポーツ用具はユニホーム、ス

38　復興釜石新聞「震災の疲れ　運動でほぐす」（2012年12月15日付）。
39　同「勇気届けるリターンパス」（2012年12月22日付）。
40　同「被災の国道沿いに誘致フラッグ」（2013年1月16日付）。
41　同「テニスで岩手を元気に」（2013年3月2日付）。

パイクなど6種、190点にのぼった[42]。

　釜石リアスライオンズクラブのチャーターナイト（認証状伝達）44周年記念式典が2012年10月17日、釜石市大町のホテルサンルート釜石で開かれ、記念事業として、11月に行われる第22回釜石地域中学校バスケットボール大会の運営費（10万円相当）を贈った[43]。

　東京都荒川区の東京リバーサイドロータリークラブは同年10月27日、唐丹中、唐丹小に軟式野球用のボール120個を贈った。同クラブは2011年10月、友好クラブの台北扶輪社（台湾）と共同で唐丹野球スポーツ少年団に復興支援の寄付を行った。贈られた200万円は、津波で被災した旧唐丹小校庭で整備が進められていた野球グラウンドの簡易推薦トイレダッグアウトの資材購入などに充てられた[44]。

　被災地支援で釜石市と絆を結ぶ静岡県袋井市のクリエイティブマーケット（クリマ）実行委員会は同年11月2日、釜石の少年スポーツ振興へ義援金10万円を贈った[45]。

　2016年の岩手国体と19年に日本で開催されるラグビーワールドカップ（W杯）の誘致に向け、人口芝のグラウンドとして整備工事中の釜石市陸上競技場に英国風のクラブハウスが建設されることになった。同年11月20日、釜石市と、新日鉄住金の炭調達先である米国エックスコール社の寄付に関する調印式が釜石市役所で行われ、クラブハウスの建築費1億5,950万円を同社が寄付した[46]。

　釜石早起き野球リーグの納会は同年11月21日、釜石市大町の釜石ベイシティホテルで行われ、10月の第15回チャリティー福祉ナイター野球で寄せられた募金2万5,965円を市社会福祉協議会の「まごころ福祉基金」に贈った。寄付金の総額は98万7,160円に上った。チャリティーナイターには学童、中

42　同「唐丹、鵜住居小にスポーツ用具」（2011年11月19日付）。
43　同「中学校バスケを支援」（2012年10月20日付）。
44　同「唐丹の少年野球にボール贈る」（2012年11月3日）。
45　同「少年スポーツ振興へ」（2012年11月7日付）。
46　同「英国風のクラブハウス建設へ」（2012年11月24日付）。

学生、一般が参加し、スタンドの応援団、一般選手などが募金した。また、学童野球の交流試合で来訪していた秋田県の父母らも協力した[47]。

岩手県フライングディスク（FD）協会は同年12月3日、釜石市教委にソフトフライングディスク（ドッジビー）120個を寄贈した。被災地の子どもの運動を促進する支援活動で、仮設校舎で学んでいる唐丹小、唐丹中、鵜住居小、釜石東中に配分された[48]。

米国シカゴでランニング関連のスポーツ店を経営するマーク・スコット氏らは同年11月29日、子どもたちのスポーツ教育に役立ててもらおうと、釜石・大槌地区小学校体育連盟に1,640㌦（約13万5,000円）を寄付した[49]。

6 スポーツ政策貢献

釜石市議会は2012年7月17日の臨時会において、岩手国体施設改修工事請負契約締結案を可決した。鵜住居地区スポーツ交流拠点創造ビジョン策定事業をめぐって質疑が交わされた。同策定事業には4,300万円が計上された。岩手国体施設改修工事では、2016年の国体開催へ向けて甲子町松倉の市陸上競技場を人口芝に張り替え、ラグビー、サッカーコート2面を整備する。工事は盛岡市の長谷川体育施設北奥事業所が1億9,939万円で請け負い、工期は来年2月までで、8月にも着工する[50]。

2016年岩手国体でラグビー（成年の部）とトライアスロンの2競技が行われる予定の釜石市は同年10月10日、国体準備委員会を設置し、初会合を開いた。競技団体関係者など15人に委員を委嘱した[51]。

同年10月28日に行われた第3回かまいし仙人峠マラソン大会の結果をまとめる実行委員会が12月10日、釜石市大町のホテルサンルート釜石で開かれ、

---

47 同「早起き野球リーグ納会」（2012年11月28日付）。
48 同「フライングディスク贈る」（2012年12月8日付）。
49 同「子どもたちのスポーツ教育に」（2012年12月1日付）。
50 同「復興交付金事業など　239億円を増額」（2012年7月21日付）。
51 同「4年後の国体へ準備委始動」（2012年10月17日付）。

参加者が1,000人を突破した今大会の成功を受け、次年度以降も継続開催することを決めた。今回は実行委を釜石市体育協会が主管し、県沿岸広域振興局がバックアップする形としたが、次年度からは市が主体となって大会を運営することとなった[52]。

　岩手県が2012、13年度の2カ年にわたり実施している「新しい公共の場づくりのためのモデル事業」の成果報告会が2013年2月2日に、県釜石地区合同庁舎で開かれた。釜石市内からは、鵜住居町、片岸町、箱崎町などの復興まちづくりを推進する釜石東部漁協管内復興市民会議と、2019年ラグビーワールドカップの誘致活動に取り組む釜石シーウェイブス（SW）RFCが取り組み内容や成果を発表した。釜石シーウェイブスの増田久士事務局長が新日鉄釜石ラグビー部OBが中心となって支援活動を展開している「スクラム釜石」などと連携した取り組みを紹介した上で、「被災者には『そんな現状ではない』という思いがあることも知っているが、地域文化の掘り起しの一つとして市民の理解を得たい」などと説明した[53]。

　釜石市体育協会の2012年度市民体育賞表彰式は同年2月24日、大町のホテルサンルート釜石で開かれた。栄光賞で1人、1団体、奨励賞では14人、4団体を表彰し、激励会も開かれた。栄光賞は全国大会などで、奨励賞は各種県大会などで優勝もしくはこれに準ずる優秀な成績を収めた人（団体）が対象となった[54]。

　釜石市生涯学習スポーツ課スポーツ振興係が、Jリーグ鹿島アントラーズ専任トレーナーなどスポーツテーピング界の第一者で、治療院を開設中の講師を招いて、同年3月16日に釜石市民交流センターにおいて、スポーツテーピング研修会を開催した[55]。

52　同「仙人峠マラソン継続へ」（2012年12月15日付）。
53　同「『新しい公共』モデル事業報告会」（2013年2月9日付）。
54　同「釜石市体育賞　活躍たたえ15人、5団体表彰」（2013年2月27日付）。
55　同「釜石市からのお知らせ」（2013年3月6日付）。

7　復興事業におけるスポーツ貢献事業の有意性

　以上のように、第1に、公共スポーツ施設（グラウンドを含む）の機能使用が震災の復旧・復興プロセスに果たした役割に注目するスポーツ施設貢献では、災害時転用から住民間や行政と住民との情報の結節点・拠点としての役割を担いつつあることが分かる。しかも施設機能は着実に拡充している。施設はスポーツ事業の拠点であり、拠点はソフト事業の充実や人々の交流を生み出す。

　第2に、被災地の住民に対する前向きな生きる力の提供を意図したさまざまな規模のスポーツイベントの開催について、実に多くの実践が積み重ねられている。たとえば住まいをめぐる復興事業にあたっては住民と住民、住民と行政との意見の違いや摩擦がどうしても生じる傾向がある。対照的にスポーツ事業では目的が具体的・明確であるケースが多いがゆえに、住民間での緩やかな合意が形成されていれば、行政もそれを後押ししやすい。とくに地域スポーツ活動は総体として見れば、外向的でかつ利害関係の衝突を回避しやすい性質を有している。

　第3に、施設とイベントを通じた貢献を効果的に達成するところのスポーツの組織・団体活動に注目するスポーツ組織貢献の視点である。震災発生後、避難所となった体育館での運営、体操や軽い運動の実施の際の指導、スポーツイベント開催の際の企画や運営、参加者との交流に限らず、多くのスポーツ関係組織は物資の運搬やがれき処理などのボランタリーな活動に携わった。こうした組織や人という担い手の活動が震災後一定期間を経過した後でも断絶せずに、形を変えて継続している。

　第4に、スポーツ事業で用意・調達・流通された金銭・資金の果たす役割に注目した場合のスポーツ資金貢献について、事業活動のための重要な資源の調達・提供がさまざまなルートを通じて達成されている。スポーツ活動のための用具一つを取っても、資金を介した提供が地域スポーツ活動を支えているケースすらある。

7 復興事業におけるスポーツ貢献事業の有意性　　59

　第5に、スポーツ政策貢献では、スポーツ事業に関わる施策や予算そのものが復旧・復興計画において重要な位置を占めている。施設、イベント、組織、資金を通じたスポーツ貢献事業は、スポーツ政策貢献によって後押しされている。この政策貢献と四つのスポーツ貢献事業は互いに支え合って震災復興に貢献しているのである。

　復興釜石新聞においてスポーツ事業関連が占める記事掲載がその本数および量の点でも多いことも事実である。したがって、復興事業におけるスポーツ貢献事業の有意性は極めて高いと結論づけられる。

第5章　地域スポーツによる震災復興

1　震災と地域スポーツ活動

　地域スポーツ活動が東日本大震災からの復興へ何かしらの貢献をなし得るとすれば、それは何であろうか。近隣社会の円滑な人間関係、地域コミュニティの再生、競技大会やイベントの開催を通じたスポーツ関連市場の回復、体を動かすことによる世代を問わないストレス解消や健康の増進などが考えられる。

　被災自治体においては、まずは住まい、雇用、賠償、生活基盤（衣食住）の確保といった具合に、スポーツの領域は、復旧・復興事業をめぐる対応において後回しにされる傾向にある。

　しかし、後述するように、全国津々浦々で展開されている地域スポーツ活動において、たとえば総合型地域スポーツクラブは当該地域における多様な構成メンバーから成り立っていて、メンバーが従事する仕事も様々な領域に及んでいる。親世代のメンバーは子供世代を結節点として、共通の地域空間（場所、施設、活動）に集まってくる。その意味で地域スポーツ活動の場は、異業種に属する人々が互いに連携する公共空間でもある。

　政策の所管組織にしても所属する雇用組織（仕事の内容）にしても、さらには社会の末端的組織にしても、現代社会ではいわば縦割り・縦糸型の組織や人間関係が浸透している。この点、地域スポーツ活動組織は、異業種構成メンバーと間接的ではあるが各メンバーの所属組織が横割り・横糸で緩やかにつながっており、その総合体としての地域内横断型（「絆」誘因型）の組織なのである。

　そうだとすれば、震災から2年半が経過した現時点（執筆時の2013年9月）

において、心理的な風化も含め復旧・復興の行き詰まり感が色濃い状況だからこそ、震災復興に貢献する地域スポーツ活動[1]の地道な事例を抽出・提示しておくことは無意味ではないと考えられる。

　そこで以下、被災基礎自治体（岩手県宮古市、同山田町、同大槌町）を直接訪問し当地で得た関連資料と、新聞報道（岩手県大船渡市、同陸前高田市、宮城県石巻市、福島県福島市、同二本松市、同大熊町、同Jヴィレッジ、Jリーグおよび J1湘南ベルマーレによる支援）からの情報にもとづいて、地域スポーツ活動が震災復興に果たす役割を考える上での有用な実践事例を提供することとする。

2　岩手県宮古市・山田町・大槌町における地域スポーツ活動の展開

（1）広報紙から見る宮古市の地域スポーツ

　宮古市では、図表1のように一定期間に区切って見ても、震災復興関連の地域スポーツ活動（事業）が展開されたことがわかる。市外関係者からの協力も顕著である。

（2）山田町におけるスポーツ復興の事例

　山田町では、2012年6月2日・3日に交流イベントが開催された。「シーカヤック体験レポート！」と題して、夏のシーカヤック体験教室を開催し、県外からの参加者もあった。山田町観光の人気メニューの1つであり、震災後は中断していたが、シーカヤックの愛好家と山田町が、「楽しみながら山田湾の現状と魅力を知ってほしい」と企画した[2]。

1　東京都港区では「スポーツの新たな価値」として、「東日本大震災後、スポーツは復興のシンボルとして、また、被災者の心を癒やし、鼓舞する力を持つものとして、あらためて着目されました」と表記している（東京都港区教育委員会『港区スポーツ推進計画　2012年度～2017年度』2012年3月、7頁。2013年5月24日における港区教育委員会事務局生涯学習推進課訪問時の入手資料）。
2　岩手県山田町観光協会『観光　やまだ Vol.1』（2012年8月）、5頁（2013年3月8日における岩手県山田町役場訪問時の入手資料）。

2 岩手県宮古市・山田町・大槌町における地域スポーツ活動の展開　63

図表1　岩手県宮古市における地域スポーツ活動の事例（2012年10月上旬～2013年2月中旬）

年月日	事業名・内容
2012.10.7	第66回田老地区体育大会（同実行委員会主催）が「起ち上がろう　ふるさと田老復興大運動会」をテーマに開催。震災前と同じ田老一中グラウンドでの開催は2年ぶり。子供から高齢者まで約800人が参加。八幡平市民によるさんさ踊りや、盛岡四高吹奏楽部によるマーチングバンド演奏も披露。
2012.10.7	2012三陸シーカヤックマラソンレース in 宮古（同実行委員会主催）が宮古湾内で開催。湾内を周遊する10㌔のコースで。
2012.10.12	「スポーツで人と人」をテーマにした日本体育大学の「スポーツキャラバン」が市民総合体育館で開催。同大の学生230人が参加し、チアリーディングやトランポリンなど11種目を披露。
2012.10.14	第2回早池峰マラソン（NPO法人かわい元気社主催）が川井地域で開催。県内外から118人が参加。
2012.10.20	第13回宮古市障がい者スポーツ大会を宮古市総合体育館で開催。選手159人、応援・ボランティアなど91人が参加。
2012.11.11	第26回宮古サーモン・ハーフマラソン大会（市内、全国各地から2,733人が参加）。
2013.1.12	野球教室。米大リーグの上原浩治選手が小中学生約200人を対象にキャッチボールや投球練習など基本動作を教えた。会場はグリーンピア三陸みやこ。
2013.2.11	第8回宮古市小学生縄跳び選手権大会。宮古市民総合体育館

資料：宮古市総務企画部企画課『広報みやこ』2012年11月15日号、4-6頁、2013年2月1日号、7頁、宮古市教育委員会『郷土をおこす人づくり』2013年1月1日号、7頁より作成（いずれも2013年3月7日における岩手県宮古市役所訪問時の入手資料）。

　また、同じ観光冊子に別号には岩手県立山田高等学校ボート部の震災後の部活動を再開の経緯について記載された[3]。それによれば、2012年に創部50周年を迎え、これまで全国大会で数多くの賞を獲得してきた強豪校の岩手県立山田高校ボート部は、山田湾の湾岸に艇庫を構え、岩手県内で唯一、湖や川ではなく海で練習を行ってきた。震災による津波で艇庫が破壊され、20艇

3　山田町観光協会『やまだ　vol.3』（2013年3月）、7-8頁（同入手資料）。

以上あったボートやオールなどすべてを失った。

　１、２年生の部員12人のうち９人の自宅は全半壊し、避難所生活となった。中には身内をなくした部員もいた。監督の鎌野貴広教諭は、こんなときに遊びのようなボートを再開していいものか。そもそも海が怖いと思う生徒もいるのではないか。新学期が始まってもなお葛藤の中にあったが、部員全員は「再開したい」と応えた。がれきが山積する山田湾には出られないため、まずは艇庫の整理、陸上トレーニングを中心に行った。

　ボートに乗ることができたのは震災から50日目だった。平日はボート用筋トレマシンでトレーニングを行い、週末には車で２、３時間のところにある花巻市田瀬湖で合宿という日々が続いた。同年６月のインターハイ県予選は、彼らには納得いかない結果だったが、翌2013年の春には、男子５人乗りで東北選手権優勝、インターハイ６位入賞という好成績を収めた。活動再開の背景には、父母会やOB、ボランティア団体など、多くの人たちの支援があった、という記載となっている。

（３）大槌町における運動会・卓球講習会の実施と公園の運動施設をめぐる住民意見

　大槌町虎舞協議会は、2012年９月30日に、旧赤浜小学校体育館で2010年以来２回目となる大運動会を開催した。８つの郷土芸能団体（向川原虎舞、城山虎舞、小槌神社人会、雁舞道七福神、陸中弁天虎舞、中須賀大神楽、臼澤鹿子踊、安渡虎舞）が参加し、13の競技（チューチューレース、パン食い競争、大玉ころがし、綱引きなど）が行われ、子供からお年寄りまで多くの町民が参加した[4]。

　淑徳大学卓球部による復興支援卓球講習会が2012年11月18日に開かれ、大槌と山田の子供たち約80名が参加した。子供たちはロンドン五輪日本女子チーム監督や選手のサインももらった[5]。

　2013年２月２日に町方地区に整備予定の公園について、町民の意見や要望

---

[4]　おらが大槌夢広場復興館「大槌新聞」第14号、2012年10月８日（2013年３月８日における岩手県山田町おらが大槌広場復興館訪問時の入手資料）。

[5]　同第21号、2012年11月26日（同入手資料）。

を聞く会が役場庁舎で開催された。町方地区の防災集団移転区域（須賀町、栄町など）には鎮魂の森や産業用地が整備される予定となっており、寺町ふれあい運動公園が住宅団地になることから、そこにある運動施設も配置される予定となっている。参加者からは「公式の試合ができるような立派な施設だけではなく、町民みんなが気軽に使えるような施設も欲しい」という声が挙がった[6]。

3　新聞報道から見る地域スポーツ活動の復興への貢献

（1）石巻市民球場の復活と追波運動公園テニスコート再生の模索

　宮城県石巻市民球場のグラウンドキーパーを2005年から務める佐々木忠氏は、震災発生当日球場で揺れに襲われ、そのまま約3カ月泊まり込んで復旧作業にあたった。球場は震災で地盤沈下したうえ、自衛隊などの活動拠点となり、宿営用テントが建ち並び、トラックの出入りでグラウンドには凹凸ができ使用不能となった。佐々木氏も自宅が床上浸水の被害に遭い、家族は避難所暮らしになったにもかかわらず、自身は球場スタッフら仲間数人と球場事務所の床に段ボールを敷いて寝泊まりし、支援物資の仕分け作業に奔走した。2011年7月には自衛隊が撤収、球場は米大リーグなどの寄付金で普及し、2013年3月から利用が再開された[7]。

　宮城県石巻市の市街地から内陸へ約10㌔のところに追波（おっぱ）川河川運動公園があり、そのなかにコンクリート舗装の凹凸やつぎはぎが目立つ8面のテニスコートがある。石巻ソフトテニス協会理事の石森慶哉氏には「子供たちに思い切りスポーツをさせてあげられるのに」という強い思いがあった。石巻市では、フットサル場がサッカーの本田圭佑選手の寄付で新設されるなど、外部からの支援も得た施設は改善が進んだ一方で、テニスコートは2カ所が仮設住宅用地に。残るコートは市街地から約25㌔離れ、地盤が崩れ

---

[6] 同第33号「わき水を活かした公園を　町方公園にアイディア続出」、2013年2月25日（同入手資料）。
[7] 毎日新聞2013年5月9日付「石巻球場　僕の作品」。

るなどして4面しか使えない状況にある。ソフトテニスは石巻市で広く普及し、市内の中学・高校の部員だけで約800人はいたが、震災後は練習場所を失った学校も少なくなく、市の大会を開くため近隣都市で会場を探すが確保が難しく、交通費の負担も大きい。

　復興事業の影響を受けるケースもある。津波で壊滅的な被害を受けた雄勝中は移転先の石巻北高飯野川校で、使われずに荒れたコートを懸命の手作業で整備したものの、そこへ雄勝小の仮設校舎が建設されることになり、昨秋からは工事で使えなくなってしまった。テニスコートについて、市も15年度には改修を予定しているが、石森氏は経費を自分たちで工面して市へ寄付すれば早く整備できると聞いた。「市の改修を待つうちに子供たちの中学、高校生活は終わってしまう。何とかしたい」という思いから、経費を6,000万円と見込み、民間の震災復興活動や公的な助成金から支援を受けようと奔走したが、不調調のまま2年が過ぎた。「グラウンドは形に残り、復興のシンボルにもなる」という考えから地道に理解や支援を呼びかけ、1面ずつ徐々にデモ整備する道も探っている[8]。

（2）福島ユナイテッドとJヴィレッジの奮闘

　福島ユナイテッドは前身チームが2005年から福島県社会人リーグに参戦し、2011年2月に新しい運営会社に移管した直後に、東日本大震災が起きた。2012年は全国地域リーグ決勝大会で準優勝し、2013年からJFLに昇格した。本拠地の県営あづま陸上競技場は基準を満たせそうだが、除染と2014年の陸上日本選手権開催を控えた改修工事があり使えないので、県内の数会場をやりくりして使用している。代表取締役の鈴木勇人氏は、試合だけでなく子供たちのためにサッカースクールも開きたい、福島では子供たちが遊びづらくなっている、子供たちが体を動かす機会を作りたい、と考えている[9]。

　福島第一原発から20キロの距離にあり、サッカーの合宿所などの練習施設であったJヴィレッジ（福島県広野町と楢葉町にまたがって存在）は、東日本大震災

---

[8] 同2013年3月15日付「石巻のテニス熱　絶やさぬ」。
[9] 毎日新聞2013年3月26日付「昇格果たして前例に」。

による東京電力福島第一原発事故の対策拠点になった。隣接するいわき市が活動場所である。震災後、約5,000人を収容するスタジアムを含めて11面あった天然芝ピッチは、3〜5番グラウンド（G）が砂利が敷かれた駐車場になった。右の2番Gには下水浄化槽が設置された。7〜11番Gはアスファルトが敷かれ、除染に使った水の保管などに使われている。唯一、手を加えていない1番Gは、土がひどく掘り起こされている。要するに事故処理に必要な資材置き場や作業場、除染場、駐車場に転化したのである。ホテル棟のロビー周辺は、福島第一原発事故の収束作業にあたる作業員たちの休憩所になった。

楢葉町からは避難住民の体操教室を受託し、2012年7月に、Jヴィレッジで使われていたランニングマシンやベンチプレスをいわき市内の仮設住宅団地の隣へ持ち込んで仮設フィットネスジムをオープンした。これまで延べ5,000人以上の住民が利用している。スタッフの永井隆太郎氏によれば、利用者は楢葉町の人が約6割だが、いわき市民も増えている。いわきには楢葉町役場も避難中で、町民アンケートで復興してほしい町のシンボルとして挙がったのがJヴィレッジだった。「避難先で保たれている復興の灯」と、町復興推進課の猪狩充弘課長補佐は表現する。元々、震災までにジムや水泳教室などでJヴィレッジを利用した人も延べ57万人いた。「サッカーとは別の地域密着があった」と高田豊治副社長は捉えている。その財産を町が頼った形となり、また、Jヴィレッジにとっても、地元とのつながりこそが糧であるし、ジムは会社存続のための、細いながらも安定的な事業となっている。

東電に貸し出す形になり、スポーツ施設の機能を失っても高田副社長は10人以上の職員を雇用し続け、地域振興に目を向けた。収入の多くを占める東電への施設使用許諾料や賠償金とともに、こうした収入で運営を継続している。再開を視野に先行投資にも着手した。電気料金を抑えるべく、ホテル棟証明のLED化と自前の太陽光発電の計画が固まり、夏には1番のGで芝の養生も始める予定である[10]。

（3）スポーツ活動場所の確保をめぐる葛藤（福島県大熊町・二本松市、岩手県大船渡市）

　福島県大熊町立大熊中の部活動は、限られた場所で工夫しながらの練習とならざるを得ない。大熊町は震災後に避難を強いられ、会津若松市に役場を移し、震災から1カ月余りで学校を開設した。大熊中は町役場とともに市第2庁舎（会津学鳳高の旧校舎）に入った。震災前の6割にあたる約230人の生徒が集まった。体育の授業や部活動は、市の運動施設や周辺の学校の体育館を、空いている時間に借りてやりくりする。日ごとに場所が変わり、バス移動が必要な時もあるし、狭い場所を分け合うことも多い。大熊中は現校舎から約3㌔離れた場所にプレハブ校舎を新築し4月に移転する。隣接する会津大短大部のグラウンドを使わせてもらう[11]。

　2013年1月下旬、福島県二本松市のスポーツ少年団「岳下・杉田ジュニアサッカークラブ」の体育館での練習には小学生24人が参加した。渡辺信治監督は、「グラウンドは除染済みでも、すぐそばの植え込みや土手は手つかずで線量は高いまま。そこへボールを拾いにいった子はどうなるのか。将来への影響を考えると無理はできない」と述べる。宮城県気仙沼市では、指導者が不在になるなどの理由で四つの少年団が活動休止状態になった。全国のスポーツ少年団の登録を取りまとめる日本体育協会でさえ、被災地での少年団の活動の実態を正確に把握できていないという。

　岩手県陸前高田市の市中心部から北西に行ったところに、ビニールハウスの隣にある傾いた空き地がある。小学生の野球チーム「米崎リトルスポーツ少年団」が手づくりしたグラウンドである。いつも使っていた米崎小の校庭には仮設住宅が建てられ、活動場所を失った。大和田武也監督は津波で浸水した学校近くのリンゴ畑に目をつけた。そして、その土地を所有する市と交渉してグラウンドにする了解を取りつけた。100本近くあった木を根っこから抜いて、手製の防球ネットを張り巡らした。雨が降るたびに土砂が流さ

10　朝日新聞2012年9月12日付「復興の灯ともすJヴィレッジ」、同2013年3月1日付「芝荒れても復興諦めない」、産経新聞2013年3月11日付「必ず元の姿に」より。

11　毎日新聞2013年3月13日付「避難先でも運動量確保」。

れ、何度もダンプカーで土を入れたが自前のグラウンドができあがった[12]。

　震災は子供たちからスポーツをする場所を奪った。がれきの撤去が進み、仮設商店街が整備されると、物資は行き渡り始めたが、学校の校庭、公園などには仮設住宅が優先して建てられた。学校では仮設住宅の脇に出来たわずかなスペースで部活動が行われていた。J1鹿島の小笠原満男選手と、大船渡高サッカー部の同期で、市内で民宿を営む今野当氏は、津波で壊滅し、校舎を取り壊されて更地になった大船渡市立赤崎小跡地のグラウンド造りに奔走した。2013年4月下旬に完成するめどがついた。グラウンド建設計画が進んだのは、今野氏ら地元の人々が管理運営を一手に引き受けたからである。

　大船渡市赤崎町内では震災前、市立赤崎小学校と蛸ノ浦小の児童がそれぞれ参加する2つの少年野球チームが活動していたが、震災後は両チームのメンバーは各20数人から、大会に出場登録できる条件の10人を下回るようになった。赤崎小は3階建ての校舎が2階まで浸水し、運動場は解体された建物のがれき置き場に姿を変えた。蛸ノ浦小の運動場には仮設住宅が建った。震災当時、赤崎小のチーム監督を務めていた小松格氏らが、同じ境遇に悩む蛸ノ浦小の保護者らと相談し、両チームを統合して結成したのが、赤蛸少年団である。2013年4月からメンバー19人で活動を再開した。

　保護者らの熱意は、県立大船渡高校の卒業生らも動かし、同校OBが運営する一般社団法人「東北人魂・岩手グラウンドプロジェクト」（同市）が赤崎小跡地の整備を計画した。無償で土地を使えるよう市と交渉し、整備資金を募金活動などでかき集め、がれき置き場は約1万8,000㎡の多目的運動場になった。赤崎町の少年野球チームはメンバーや練習場所だけでなく、運動用具の確保という問題にも直面した。津波でバットやボールなどが流されたが、震災後間もなく、岩手県野球協会（盛岡市）を通じ、全国から用具の提供が相次いだ。

　NPO法人、グローバル・スポーツ・アライアンス（東京・渋谷）は2011年4月から、大船渡市や宮城県南三陸町、福島県相馬市など約10の市町村に、

12　朝日新聞2013年3月3日付「夢追う環境　少しずつ」。

野球用品やサッカー用品など新品と中古品合わせ数千点を送った。また、子供たちが所属する地域スポーツクラブを支援するのはNPO法人、クラブネッツ（福島市）である。2013年4月、18歳以下のクラブ員1人当たり毎月数千円分の会費助成を始めた[13]。

（4）新たな地域スポーツ活動の萌芽と復興支援（岩手県陸前高田市・釜石市、Jリーグ、J1湘南ベルマーレ）

　岩手県陸前高田市内初の総合型地域スポーツクラブ「総合型りくぜんたかた」は、NPO法人格を市に申請中で、2014年度から活動を本格化させる予定である。立ち上げに携わる管野修氏は、「手を差し伸べてもうらうだけでは、真の復興は成し遂げられないのでは」と思い始めたことが原動力となっている。津波に流されたスポーツ用品店を仮設で再建し、その角に事務所を設けた。国の被災地支援制度を活用してスタッフを採用し、昨秋（2012年）からヨガや幼児向け運動教室を開いている。今後はテニスや陸上競技も手がけたいという。

　陸前高田市から北東へ約50㌔の釜石市には2001年に発足した「唐丹すぽこんクラブ」がある。被災前は会員約190人が野球やママさんバレー、ウオーキングなどに打ち込んできた。事務局長の下村恵寿氏は自宅が半壊し、避難所に身を寄せたが、数日後にはもう「気晴らしに体操しませんか」と呼びかけていた。その年の秋からはクラブとして仮設住宅団地を巡り、軽いスポーツを勧めている。これまで、クラブを通してスポーツへの興味を深めた会員が、独自にサークルを結成した例が三つある[14]。

　2012年度のJリーグの東日本大震災復興支援活動の報告書によると、リーグや各クラブの活動回数は2012年の1年間で964回を数え、募金やチャリティー活動などで集まった金額は2,997万円に上る。2012年は復興支援スペシャルマッチを茨城県鹿嶋市内で開催した。試合の収益の一部や募金でグラ

13　読売新聞2013年3月9日付「大船渡　再びグラウンドを」。日本経済新聞2013年7月5日付「野球少年、恩返しへ一丸」。
14　朝日新聞2013年3月5日付「軽い運動　自立への一歩」。

ウンド用の簡易証明を購入して、被災地沿岸部に寄贈する活動も行い、宮城県気仙沼市、岩手県大槌町でそれぞれ贈呈式を行った。被災した仙台、水戸、鹿島だけでなく、川崎が岩手・陸前高田市で活動したり、湘南が福島のサッカー少年を試合に招待するなど、各クラブでも支援活動に取り組んでいく[15]。

　東日本大震災が起きた翌日、J1湘南ベルマーレの真壁潔社長は、被災地に駆けつけた支援団体から「水も食料も毛布も不足している」という連絡を受けた。クラブのスポンサー関係者らに相談すると、「ウチの商品のカマボコを出しますよ」「ウチからミネラルウオーターを運びましょう」「大型トラックを運転手付きで使ってください」といった反応があった。公式サイトで「被災地に送る物資を集めています」と告知すると、衣服、衣料、トイレットペーパーなどが次々と寄せられた。支援物資を運んだトラックは東北へ何往復もした。スタジアムで出店している飲食業者はキッチンカーで避難所に向かい、クレープやハンバーガーなどを提供した。活動費は募金で集め、選手も足を運んで子供たちとサッカーをした。湘南は被災地の子供たちを随時、ホームタウンに招待している。チャリティーTシャツを売って旅費をつくり、Jリーグの観戦、サッカーの交流試合、海水浴、観光などを楽しんでもらう。この招待事業も地元の協力で成り立っている。平塚競輪場が宿泊所を、飲食店が食事を、大学がサッカーグラウンドを提供する。商店街や商工会議所がアイデアを出し合い、平塚魚市場で縁日のような催しをしたり、スタンプラリーをしたりする[16]。

4　スポーツ活動による震災復興貢献への萌芽

　以上のように、主に被災自治体におけるスポーツ活動の事例に注目して、現地において直接得られた資料と新聞報道を情報源に提示した。
　宮古市、山田町、大槌町のいずれにおいても、当該地域の生活空間におい

15　毎日新聞2013年3月26日付「『忘れない』震災復興支援を継続」。
16　日本経済新聞2013年5月10日付「地域に横糸　広がる縁」。

てスポーツ活動が浸透とまではいえないにしても、生活の節目の要所要所で存在していることがわかった。部活高校生の頑張りが地域再建への心的側面でのポジティブな影響を及ぼしていることが伝わってきたし、スポーツレジャー活動が観光再建とも関わっている事例も示された。また、地域の公園機能にスポーツレクリエーション空間は不可欠と捉える住民の存在も明らかになった。

　新聞報道からは、震災やその後の他用途への機能転化が、いかに子供たちのスポーツ空間を奪ってきたかを示す複数の事例を紹介した。そして活動場所の確保と復活・新設をめぐる関係者間の協力と奮闘ぶりについても提示した。とくに放射能問題については、安心・安全なスポーツ活動にとって、今日に至るまで大きな壁となり続けている現実が明らかとなった。

　一方で、地域スポーツ活動が震災復興への一つの切り札となっている事例も存在した。震災後、機能のすべてを失ったサッカー場が、これまでの遺産を活かす形で、別の土地での教室開催などを通じて運営を継続し、そのことが多くの地域住民にとっての復興の心の拠り所となっている現実がある。被災自治体以外を拠点とする地域スポーツクラブが、まさに横糸をつなぐ形で復旧支援を実現したことは、地域スポーツ活動を通じて養われた当該地域における横広がりの人的・物的・機能的ネットワークが可能とする地域総合力が、いざという時に発揮されたことを如実に示している。

　したがって、まだまだ断片的・分散的、そして震災復興貢献への萌芽的段階ではあるものの、地域スポーツを通じた貢献は可能であるという結論に至った。

第6章　復興スポーツ事業の現場

1　震災復興とスポーツ事業

　東日本大震災から3年以上が経過し、現地でのボランティア活動に参加する人々の減少がいわれるようになった。また、仮設住宅から公営住宅へ移ったり、自宅を再建したりする人々もいる一方で、震災後の避難的生活から抜け出せない人々も未だ多い。再雇用を果たす人々もいれば、震災以前の就業状況に復帰できない人々もいる。また、福島第一原発事故対応をめぐっては、廃炉に向けた気の遠くなるような長い行程とその道のりを取り巻くあまりにも多くの不安定要因があり、放射線をめぐる諸問題の収束にはほど遠い状況にある。加えていっそうの風化現象が追い打ちをかけている。
　こうしたいわば、多方面で山積する課題の中で、スポーツ事業は復興のプロセスにおいてどのような役割を果たしてきたのであろうか。外部からのスポーツ支援プロジェクトはともかく、スポーツについては、現地では震災後の政策対応の優先度が決して高いとはいえなかったし、今日でもその傾向は続いている。それでもスポーツ事業は、被災現地の復旧・復興に何らかの貢献をしてきたことは間違いない。社会における人的物的ネットワークの構築にスポーツ事業の果たす役割には極めて大きなものがある。
　本章では、スポーツ活動を通じた震災復興に何らかの形で関わってきた実践者とのインタビュや現地で得た資料をもとに、それらを整理・提示し、こうした作業を通じて見出されるであろうスポーツ事業が復興に果たす役割について考察する際の素材を提供することとする[1]。そして、示唆に富む数々

---

[1]　本章は、2014年3月に筆者が震災各地を訪問した際の関係者とのインタビュにもとづ

の指摘が、今後のスポーツ活動を通じた具体的な復興にどのようにつながっていくのか、さらにはスポーツ事業が他の領域の事業とどのように結びついていくのかについても探ることとしたい。

2 久慈市におけるスポーツ施設の復旧事業

　久慈市ではもともと地元の少年団など野球がさかんな土地柄であるが、市営の野球場に高さ1mの海水が流れ込み冠水した。復旧したのは震災の年の7月であった。文科省には被害の状況を報告した。グラウンドにたまった塩水を真水で流す作業が必要であった。ヘドロを除去し、グラウンドの土を入れた。バックネットや電気設備も入れ直した。復旧費用は2,000万円ほどかかった。総合型クラブが使用していた二つの体育館は自衛隊が使用した。久慈湊小を拠点とする総合型クラブ（久慈フィーバスポーツクラブ）も活動できなくなった。また、洋野町ではヨットハーバーが被害を受けた。

　公園関係では、岩手県北広域振興局所管の緑地が4カ所あるが、2014年7月に復旧が完了し使用開始となる予定である。緑地にはシーサイドパーク、散策路、ジョギングコース、野球場、テニスコートなどがある。住民の利用

いている。ここに記して感謝の意を表したい（カッコ内は2014年3月現在の肩書きとインタビュの月日。肩書きは2014年3月現在）。古屋敷重勝氏（久慈市教育委員会事務局社会体育課長、3月6日）、細工藤弘巳氏（同体育グループ総括主査、同日）、亀田健一氏（岩手県県北広域振興局土木部河川港湾課港湾海岸総括主査、同日）、千葉幸司氏（岩手県沿岸広域振興局土木部宮古土木センター河川港湾課港湾総括主査、3月7日）、佐藤美恵氏（南三陸町教育委員会生涯学習課スポーツ推進係主幹、3月12日）、鈴木貴之氏（南三陸町スポーツ交流村／ベイサイドアリーナ施設長、同日）、近藤裕紀氏（NPO法人石巻市体育協会・いしのまき総合スポーツクラブ事業部主任兼クラブマネージャー、3月13日）、松村善行氏（特定非営利活動法人石巻スポーツ振興サポートセンター理事長、同日）、長岡潤一氏（公益財団法人宮城県体育協会事業課・みやぎ広域スポーツセンター　クラブ育成指導員、3月14日）、相田恵美氏（同事業課　クラブアドバイザー、同日）、武田均氏（仙台市市民局次長兼文化スポーツ部長、同日）、土肥義明氏（NPO法人そうま中央スポーツクラブ事務局、3月15日）。

については、久慈市（市体育協会）に委託している。震災1年目は災害復旧事業において原型に戻すための設計に時間がかかってしまった。7月のオープンセレモニーでは地元の野球関係者等を招く予定である。復旧費に占める国の補助金は3億円であった。国土交通省と財務省（東北財務局財務部）による災害査定が行われた。

　久慈市では、2011年9月から13年12月の間を期間として、「JFA・キリンスマイルフィールド」（復興応援キリン絆プロジェクト）[2]が開催された。市内8校で小学生を対象に8回にわたって行われた（参加人数の合計は920人）。また、11年9月から同年12月の期間に実施された「スポーツ心のプロジェクト」では、市内の小学校5、6年生を対象に10回にわたって、ハンドボール、水泳、アイスホッケー、柔道、バレーボール、サッカーなどの種目を通じたスポーツ復興事業が行われた。

3　宮古市における港湾スポーツ設備の復旧事業

　宮古市の場合、ゲートボール場などがあったリアスハーバー宮古や、岩手県教育委員会所管のヨットハーバーが被害（設備の倒壊と沈下）を受けた。港湾の主体は国で、2014年3月末までに復旧はほぼ終わっている。県立宮古高校などがヨットハーバーを使っている。ヨットハーバーは県の指定管理施設となっており、NPO法人岩手マリンフィールドが指定管理者となっていて、運営をめぐっては宮古市役所と連絡を取り合っている。港湾関連施設についてはあくまでの財産の持ち主は国であるが、管理は県が行っている。震災によって岩手県は契約解除を検討するほどであった。

4　南三陸町におけるスポーツ活動拠点の復旧事業

　南三陸町では、震災後は高台にあるベイサイドアリーナが避難所となっ

2　久慈市役所において入手した資料による。

た。2,000人がベイサイドアリーナに避難していた時期もあった。ここが対策本部となり、行政関係者、町長、自衛隊が詰めた。震災の場合は指定管理の効力がなくなるという契約があったので、活動目的の軸足を変えた。トレーニングルームが診療所となった。2011年6月にはトレーニングルームを無料で開放した。しかし、利用者は少なかった。住民はそれどころではないという雰囲気で、何をしていいかわからなかった。ここに住んでいるような状況で、支援物資を運んだりしていた。2012年2月頃までは少なくともスポーツという観点はなかった。その後、学校関係者の定例の利用やバレーなど部活利用が再開してきた。12年4月以降は、トレーニングルームを有料開放とし、健康教室も再開し、人々の利用が戻ってきている。来館促進イベントと称して、無料のスタンプラリーや無料の時期を設定したりした。震災では南三陸町立の戸倉小学校や戸倉中学校の体育館がなくなってしまった。志津川公民館近くのグラウンドも津波でやられた。少しずつではあるが、震災前の状況に戻りつつある。

　南三陸町には剣道、軟式野球、柔道、バスケットボール、空手、サッカー、女子ソフトボールといった8種目18団体のスポーツ少年団（団員数270名）がある。その理念として「一人でも多くの青少年にスポーツの喜びを」「スポーツを通じて青少年の心と身体を育てる」「スポーツで地域をつなぎ、地域づくりに貢献する」ことが掲げられている[3]。このうち南三陸卓球スポーツ教室と志津川バレーボール教室では活動場所がベイサイドアリーナとなっている。また、軟式野球の戸倉ブルーウェーブスポーツ少年団の活動場所二つのうちの一つは登米市の旧善王寺小学校校庭で行われている（毎週土曜日の13時から17時までと、毎週日曜日の9時から17時まで）。こうした復興スポーツ事業を通じて、町民の健康増進につなげていきたい。

---

[3] 南三陸町「平成26年度　南三陸町スポーツ少年団　新入団員☆教室生募集!!」。なお、南三陸町では、スポーツ少年団本部は、町教育委員会生涯学習課スポーツ振興係に置かれている。

5　石巻市における復旧スポーツ教室事業の展開

　石巻市総合体育館では震災後、1日だけ学校関係者の避難所となり、その後は遺体安置所となった。その後遺体については宮城県が集約して利府町に移動した。学校も避難所となっていたので、この体育館が物資置き場となり、ここから各避難所に物資が運ばれていった。

　もともと石巻市体育協会は2009年にNPO法人となり、11年4月に指定管理者となったが、実施の利用は1年遅れの翌年4月からとなった。震災後は各避難所を回ってエコノミー症候群の予防体操などを教え、避難者には喜ばれた。これは同年夏頃まで続けた。11年7月以降は市内で運動できる施設を探し、集会所や幼稚園を使わせてもらい、1クラス15人の2クラスでのシェイアップ教室事業などを行った。その他にも高齢者体操や子ども向けの教室を開催し、数十人の参加者があった。

　活動に従事していて、スポーツの場合、復興が一番最後に来る印象を受けた。11年10月から12年3月まではこの体育館の修繕が行われた。12年4月以降から通常開館となったが、来場者は少なかったので、市内各体育施設に行ってスポーツ教室を行った。

　震災後3年目から活動に手応えを感じるようになった。申込み状況も順調である。市体協はスポーツ少年団（2014年3月現在、122団体、2,000人）も抱えていて、本部もここにある。その他中高年を対象とした体験型スポーツも行っている。子ども向けにもヒップホップ、チアダンス、キッズダンスなどがある。従来の体協は競技性を追求していたので、市体協もスポーツ少年団とは各々離れていた方が運営しやすい面も確かにあると感じる時もある。しかし、競技性やトレーニングセンターの役割に加えて、キッズバラエティースポーツ等を通じて楽しみを提供する事業もやることで、スポーツへの入り口をたくさん作るのが私たちの役割である。体育館事業ではバスケットボールや卓球にも力を入れている。市体協事業には市民のニーズにいろいろな形で対応できるメリットがある。

この体育館は高校生の部活動でも利用されている。市体協スタッフを対象とした年2・3回の研修会とブロックミーティングがある。他のスポーツクラブとの交流としては、NPO法人山形県のかみのやまスポーツクラブとの交流がある。トラックの手配をしてもらい、トランポリンを1台寄贈してくれた。そのおかげでトランポリン教室は人気教室となっている。このクラブとは行ったり来たりして今日に至っても交流している。今年1月には交流体験教室（吹き矢やトランポリンなど）を開催した。その際、トランポピクスという一人用のミニトランポリンのようなものを14,15台使って、高齢者を対象にした運動やエアロビクスに利用した。

震災復興事業では、キッズ体育事業などを行った。競技団体から県庁、県庁から担当課（担当課は事業実施をしない）を経て体協にくるケースや、相撲協会のように競技団体から直接体協に来るケースがあったが、イベント支援の場合、継続性がないし、受け入れ側としては相手（支援提供側）がメジャーであればあるほど調整に苦労した。

NPO法人石巻スポーツ振興サポートセンターは県の委託事業にも従事している。活動記録を取っている暇などないほど、とにかく地域の実情に応じて事業を進めてきた。震災後3年といった区切りに関係なく、子どもがいる限りは今後とも事業を進めていきたい。行政の助成金など使えるものは何でも使う姿勢でいる。とくに競技以外のスポーツに力を入れなければいけないと考えている。今後スポーツ庁が設置されたとしても、こうした視点がなければ意味がないと思う。

6　登米市における行政の総合型クラブ支援

宮城県広域スポーツセンターの場合、直接には復興支援事業に取り組んではいない。これまで、福島県内の学校に声をかけたり、石巻市の子どもたちを呼ぶ事業に取り組む大崎市檜山地域に対する支援を行った。被災地サポートの枠で、イベント、クリニック、運動会などの事業があり活用した。

登米市には9つの総合型クラブがあるが、とくにつやまモクモクスポーツ

クラブが支援に積極的であった。また、七ケ浜町のアクアゆめクラブも、500の仮設住宅に対する支援を行った。こうした中から自発的な交流も生まれ、たとえば加美町、気仙沼市、七ケ浜町の三つの総合型クラブ（ジョイナス、なんでもエンジョイ面瀬クラブ、アクアゆめクラブ）は「いきいきシニアスポーツ交流会」を開催した。

　県の総合型地域スポーツクラブ連絡会では、震災後にクラブ自身で役員会議を月1回、研修会を年3回行っている。事務局はアクアゆめクラブと栗原市のしわひめスポーツクラブが中心となっている。興味深いのは、登米市では行政が9つの旧町に総合型クラブ運営の補助金を出していることである。

　スポーツ環境等は被災地によって事情が異なるため、県の支援を活用しながら対応していきたい。広域ブロック単位では、岩手、宮城、福島の東北ブロックで150名が参加するネットワークアクション事業がある。スポーツ庁の設置に期待するのはスポーツ事業を横断的に展開してほしいということである。そしてぜひ総合型クラブに対する予算を増加してほしい。総合型クラブの役割が大切だと位置づけながら、これまで予算については脆弱であった。競技スポーツと生涯スポーツをめぐる予算格差を解消してほしい。

7　仙台市市民局文化スポーツ部が主導する復興スポーツ支援事業

　仙台市の場合、震災後は体育館が避難所となり、グラウンドには仮設住宅が設置された。震災3年が経過し、子どもたちの間にもようやく落ち着き感が出てきた。仙台市内には8つの総合型クラブがあるが、若林区と宮城野区にはない。もともとスポーツ少年団が盛んである。スポーツ振興に関連して、教育委員会の所管だと即座に意思決定できない。市では2003年にスポーツ振興が市民局所管となった。翌年仙台を拠点とするプロ野球の楽天が誕生したが、教育委員会の場合、どうしてもアマチュアの観点から対応するので無理があった。市民局であればプロスポーツに対応できると考えられた。

　震災で仙台市では、沿岸部の東六郷小、長浜小、中野小が利用不能となり、間借り先の学校でのチームジャパンやJリーグ、バスケットボールなど

の支援プロジェクトが実施された。また国を越えての支援も受けた。文化支援活動としても仙台フィルが各学校を回った。2020年東京五輪ではグランディ21がサッカーの会場となっているが、宮城県と協力してキャンプ誘致を行うこととなっている。

これからは「何を子どもたちに見せるのか」が大切であり、拠点としての学校の存在がますます重要になってくる。学校と町内会や地区、そして市との連携が不可欠である。仙台市は来年度スポーツコミッションを立ち上げる予定である。サッカーと野球だけでなく、バレーボール、フットサル、さらには女子プロレスもある。商工会議所の協力も得たい。札幌市ではスポーツ振興事業に札幌市経済局が関わっていることも参考にしたい。

8 相馬市における総合型クラブの奮闘

総合型地域スポーツクラブのNPO法人そうま中央スポーツクラブ（2014年4月現在、会員数320名）事務局のスタッフによれば、震災の津波で、松川浦スポーツセンターの体育館には船が飛び込んできた。クラブの会員のうち1名が死亡し、会員の家2軒が津波に流された。スポーツアリーナそうまは避難所となり、10月までは何もできなかった。しかし、それ以前の時期に、アルプス電気の体育館が空いていると聞いて、3つのサークルがそこで動き出した[4]。

---

[4] そうま中央スポーツクラブの資料「NPO法人そうま中央スポーツクラブ創立10周年記念式典」によれば、震災によりクラブの2011年度活動計画は明確に決められない状態となった。この災害によりクラブ会員1名の命が奪われ、家屋損壊の被害もあった。しかし、7月3日に定期総会を開催し、その際には浜通り広域スポーツセンターのチーフマネージャーも出席した。クラブの各サークル活動は一部サークルは5月から、大半は10月から再開した。11月から翌年3月まで、東日本大震災復興支援事業の一環として、子どもを対象としたプレイスポットそうま土曜コースに福島県レクリエーション協会より活動支援があった。2011年12月26日には独立行政法人日本スポーツ振興センターの「平成24年度スポーツ振興くじ助成金」（700万円弱）を申請した。12年1月19日から、仮設住宅などに暮らす被災者の閉じこもりによる運動不足の解消

2012年7月頃に、避難所がなくなり市民も使えるようになった。小高の住民2名がこのクラブのバトミントンサークルに入ったり、仮設住宅に入った人が会員になったりした。震災後にクラブ会員数は今日までに40名ほど増加した。バトミントンとラージボール卓球をやる人が増えた。クラブの復興支援として、レクリエーション協会と一緒に仮設住宅の高齢者を対象に支援を行っている。週1回、輪投げやカーリングなど10人ぐらいが参加する。仮設住宅の送り迎えはタクシーを利用している。仮設にいて体を動かしていないとだめになる。ひまわりの家の障害者に対してバレーボール、卓球についてクラブ支援をしている。出前講座もやっており、太極拳など公民館に行って指導している。

このクラブではとくにバトミントンに力を入れており、東北大会に出場するほどである。スポーツ少年団や部活とクラブとは別である。2つの所帯を持ってしまう感じがある。会員には幼稚園児もいるが、3分の1は小中学生であるが、高校生は少ない。82歳の高齢者もいる。応援を受ける企業を募っていて、現在、年間1万円を払ってもらう16の法人会員が存在する。震災後は法人会員獲得に苦戦しているが、法人会員はこのスポーツアリーナを使えると同時に出前講座の対象となる。

toto（サッカーくじ）の助成金を得ているが、これはサークル活動を対象としたものである。また、2012年度からクラブマネージャー2人を採用している。今後totoの助成が切れても、これまでもほぼ年中無休でやってきたので継続は可能である。3年ぐらい前までは県から毎年10万円の助成金があったが今はなく、相馬市からの助成もない。しかし、市は毎年、スポーツフェスティバルを開催している。2003年にNPO法人格を取得し、スポーツア

を目的に文部科学省委託事業「学びを通じた被災地の地域コミュニティ再生事業」（スポーツレクリエーション活動）による支援を開始した。同年4月13日付で前年12月に申請したスポーツ振興くじ助成金の交付が決定（内訳は、被災地の総合型地域スポーツクラブ活動基盤強化が400万円弱、スポーツクラブマネージャー設置が300万円。各サークルの実技指導謝金、会場借用料、スポーツ用具購入費、理事会出席謝金等に運用）した。

リーナの管理を市からこのクラブが受託している。

　バトミントンの競技力向上に力を入れており、この面でもスポーツ庁の設置に期待したい。今年2月には東洋大による指導の支援を受けた。静岡県の総合型クラブともバトミントンを通じて交流している。小学生のバトミントン連盟にも入っている。

　相馬ユニオンというゆるやかな連合体があって、構成市町は、相馬市、はらまちクラブのある南相馬市、新地町、鹿島町である。浜通りで年1回交流会がある。浜通り・中通り・会津の県全体ではやっていないが、会津でやる時など、中通りや浜通りのクラブも少しは参加する。震災前は浜通りの大会に双葉町、浪江町、広野町のクラブ参加していた。震災後は会議を通じて放射線の被害とクラブの情報が入ってくる。クラブ運営をめぐる最大の課題は世代交代である。今は皆一生懸命やっているが、元気なうちに後継者をいかに作るかが課題である。

9　震災後のスポーツ事業をめぐる視点

　以上のように、震災後の復旧復興に関わるスポーツ事業について、現場における活動の担い手とのインタビュをもとに、当該事業内容の実際を把握しようと努めてきた。

　いずれの現場においても、それがハード事業かソフト事業かにかかわらず、震災からの復興の確実な一助となっていることが見て取れた。同時にそこには、公的セクター（行政）やボランタリー・住民セクターだけではなく、相馬市の総合型クラブ活動に見られたような地元私的セクター（企業）からの支援（法人会員）が存在したし、活動エリア外の避難者を助け、受け入れる土壌も形成されていたことがわかる。

　南三陸町の拠点体育館では、指定管理者が施設の管理運営をめぐる町との契約内容以外の避難者支援を献身的に継続している。また、石巻市における拠点体育館においても同様に、体育館の管理運営業務を超えた、多様な住民スポーツ支援事業を展開させ今日に至っている。久慈市や宮古市の港湾公園

における構成要素としてスポーツ施設整備に関わる広域行政事業では、国の補助金や地元の基礎自治体との連携・協力・調整をめぐる関係者間の尽力も見られた。

さらには登米市のように行政が各行政区に補助金を提供し、総合型クラブの運営を支援している先駆的な事例も見られた。今後、総合型クラブはスポーツ活動という範疇を超えて、地域における多世代に及ぶ人々の健康づくりや交流、情報交換、支え合いの拠点となる可能性があり、その意味でも登米市の実践事例は、まさに先見の明のある支援施策といえるのではないだろうか。仙台市の場合、スポーツ行政の未来図を先取りしているかのように、スポーツ振興事業の所管を市民局文化スポーツ部に置き、教育行政の枠にとらわれない体制で、都市のブランド戦略にスポーツや文化の持つ価値や資源を前面に打ち出そうとしている。

一方で課題もある。こうした断片化・拡散化した形で、日々展開・実践されている復興・スポーツ事業が、個々の活動の積み重ねで終わってしまってよいのかという問題である。「活動記録を取っている暇などない」(石巻スポーツ振興サポートセンター)ほど、日々の実践に邁進しているところの震災復興貢献の実績や価値を雲散霧消させてはいけない。記録として活動の意義を後世に残しておく。それだけでなく、個々の貢献をつなげ、ネットワーク形成の視点から歴史的なスポーツ世界の痕跡として残しておく。さらにはスポーツ以外の他領域における知見の形成にも役立つよう表現する。こうした側面での貢献が研究者には強く要請されている。

第7章　震災復興と復興五輪

1　震災復興と復興五輪との乖離

　東日本大震災から3年半以上（2014年10月現在）が経過し、以前にはスポーツ界やメディアで強調された「スポーツの力」が登場する機会が減少傾向にあることは否めない。同様に「復興五輪」についても、2013年9月の国際オリンピック委員会（IOC）総会において2020年東京五輪決定の切り札の一つとなったと認識された割には、その後の具体的な展開がなかなか見えてこないことも事実である。

　むしろ、震災復興や五輪関連施設の建設をめぐる人材や資材の不足とそれらに伴うコスト増加などが懸念されている。また、東京五輪会場の配置見直しやスポーツ団体のガバナンスをめぐる問題、さらにはメダル獲得に向けた特定種目のエリート競技選手育成の重点化への偏重など、2020年東京五輪に関わる直接間接の波及課題がクローズアップされるようになった。

　こうした震災復興に寄与するスポーツ事業と復興五輪事業の希薄化現象が目立つ時期であるからこそ、両者に共通する貢献価値を活動事例にもとづいて再認識し、両者の乖離を縮める視点を持つことが必要ではないだろうか。

　震災後に福島県福島市や同郡山市における草の根の組織的スポーツ活動を通じて、避難所支援に尽力した従事者とのインタビュと活動実践の記録資料にもとづき、そこから再確認された地域社会における総合型地域スポーツクラブ等の活動が有する社会的価値を提示する。そして、新聞報道から復興五輪関連事業の事例を抽出・紹介し、事業をめぐる課題を明らかにしたい。

2 スポーツ事業による復興支援の原点

以下、東日本大震災後、福島県体育協会のクラブ育成アドバイザーとしてスポーツ事業を通じた震災復興支援に当たった従事者の活動事例を紹介する。

大学在学中から総合型クラブの運営に関心があり、卒業後、県体協の臨時職員を1年経験し、その後文科省の事業によるクラブアドバイザーを3年間、更新後1年間務めた。県からの拠出はなく、予算が削減傾向にある中で、広域スポーツセンターに勤務した。仕事の対象は県内全体で、一番の目的は総合型クラブの立ち上げを支援することであった。

震災の翌年は勤務日数が制限され、給与も減った。ちょうど総合型クラブもこれから成熟期に向かう転換期を迎えており、立ち上げ支援の広域的取り組みについては縮小傾向にあった。福島県の総合型クラブ立ち上げへの支援活動は、もともと行政主導型であったが、震災とその後の放射能の問題で立ち行かなくなってしまった。

総合型クラブ同士での連携や避難所支援について、相馬市へ行ってがれき処理などを行った会津のクラブがある。震災があってクラブ間の絆が深まった面もある。福岡県、京都府、山形県などで話をする機会を持った。COF（Community of Fukushima）という支援組織を作った。主として避難所に対する支援に従事した。

震災前は、地域における総合型クラブの価値について、自分たちの問題意識として深く捉えていなかった。ところが、震災後に総合型クラブの存在価値と意義を強く認識するようになった。実際、避難先において、失われて初めてその価値の深さがわかった。この経験を教訓にしていきたい。

震災直後いわき市に戻ったが、何もできなかった。何もかも普通ではない状況が続いた中で、普通の生活に強くあこがれた。水道水も飲めないなど、震災の異常なストレスに直面した。そうした状況では、当時2,500人が避難した郡山市の避難所において、物品等の受け取りをめぐり配布以前の長

い列と配布開始後の奪い合う心が痛む光景も目にした。もらうものはもらわなければ損という雰囲気で、今後状況を作ってはいけないと痛切に思った[1]。

　原発事故後、警戒区域、計画的避難区域、緊急時避難準備区域には13の総合型クラブがあった。区域内の総合型クラブでは、施設が損壊し、関係者が散り散りになり、かつ地元に帰れなくなった。生活が成り立たす、また自治体が十分に機能しない中、総会の開催なども含め、クラブ活動ができなくなり、今後の見通しすら立たなくなった[2]。

　屋外活動への抵抗感、学校の活動自粛、公共施設の使用制限、指定管理の中止に直面したことで、活動場所の確保が困難となり、計画も不確定となった。会員数（会費等収入）の減少を招き、情報に対する不信とともに活動が停滞した。

　しかし、福島県内において、たとえば、ただみコミュニティクラブ（只見町）は柳津町の避難所支援を行い、NPO法人スポーツクラブバンビィは南相馬市で支援活動を行った。また県外からもNPO法人クラブパレット（石川県かほく市）や半九レインボースポーツクラブ（宮崎県宮崎市）などが支援に駆けつけた。

　福島県内の総合型クラブ関係者、福島大学の教員・学生、健康運動指導士などをメンバーとして復興支援団体COFを立ち上げ、①「今をしのぐ」（被災者の精神的ストレスの軽減）、②「新たなつながり」（被災者間コミュニティの確立）、③「被災者から復興者へ」（主体的復興への意識醸成）の三つをビジョンに

---

[1] 2014年1月18日における海老根慧氏とのインタビユーおよび氏の提供資料に依る。
[2] 区域別の総合型クラブは以下の通りである。警戒区域：NPO法人双葉ふれあいスポーツクラブ（双葉町）、NPO法人おおくまスポーツクラブ（大熊町）、NPO法人さくらスポーツクラブ（富岡町）、きよはしクラブ（浪江町）、ならはスポーツクラブ（楢葉町）、浮き舟うきうきクラブ（南相馬市）。計画的避難区域：かわうちKOMERAクラブ（川内村）、いいたてスポーツクラブ（飯舘村）、かつらおスポーツクラブ（葛尾村）。緊急時避難準備区域：広野みかんクラブ（広野町）、かしま元気スポーツクラブ、NPO法人はらまちクラブ、太田大甕クラブ（南相馬市）。（海老根氏作成資料「東日本大震災で見えた総合型地域スポーツクラブと地域の関係」2012年2月、16頁、19頁より）。

福島市のあづま総合体育館や郡山市のビッグパレットふくしまを拠点に、「できることから一歩ずつ」活動に取り組んだ。一般社団法人ふくしまスポーツプロモーションなど連携団体もできた。こうした活動から、「組織化（総合型クラブ化）する意味」、すなわち「一人ではかたちにできない思いを協働によってかたちにする」「多様な連携が生む大きな力・膨らむ可能性」「資金調達」「連携の連鎖」「みんなで責任を負うからこそできる積極的な取り組み」「スポーツの人をつなぐ力や笑顔をつくる力」を再確認することになった[3]。

以上のような震災後のスポーツ事業を通じた避難者支援からは、復興支援活動においてスポーツが果たすことのできる役割や価値の原型・原点が浮かび上がってくる。

3　復興五輪事業をめぐる課題と可能性

（1）復興五輪の論点

それでは、こうした活動が残した意義は、現段階での復興五輪事業と何らかの形でつながっているのであろうか。

被災地の中央不信の「根っこ」は二つあるという。一つは招致過程において「復興」が外国の不安をあおらないよう招致アピールから取り下げた時期があったことである。もう一つは首相が国際オリンピック委員会（IOC）の総会での招致演説で、東京電力福島第一原発の汚染水漏れについて、「状況はコントロールされている」と明言したことである。それにもかかわらず、その後、五輪の組織委員会には復興五輪にかける本気度が伝わってこないという批判がある[4]。

1964年東京五輪同様、2020年大会も「復興」がキーワードになるという指摘もある。東北での事前合宿、聖火リレーを実施すれば事足りるというもの

---

[3] 海老根氏作成資料「東日本大震災で見えた総合型地域スポーツクラブと地域の関係」（2012年2月、1-73頁より）。

[4] 2014年5月2日付朝日新聞「復興五輪と被災地」。

ではなく、五輪関連施設の建設のために復興作業が滞るようでは開催の意義が問われるという主張である[5]。

東日本大震災で、岩手県と宮城県の小中高校計61校の校庭に建てられた仮設住宅（計4,224戸）のうち、解体が済んだのは岩手県の小中学校2校の一部、計28戸（0.6％）のみであることがわかった。狭い校庭で運動スペースが制限されたり、学校までスクールバスで通うようになった子どもが歩かなくなったりして、そのことが被災地の子どもの運動能力の低下に影響を与えているとみられている。小中高校計11校に仮設がある岩手県陸前高田市の全仮設の入居率は86.1％に上る[6]。

一方で、2020年東京五輪・パラリンピック関係閣僚会議の初会合が2014年4月22日に開催された。被災地での五輪競技開催をめぐっては、これまでに宮城県でのサッカー1次リーグの実施が固まっている。政府は各自治体の競技場や宿泊施設といった受け入れ能力を調査し、被災地での開催が増やせるかどうか大会組織委員会と協議していくとした[7]。

2014年7月7日、岩手県クレー射撃協会の会長が、2020年東京五輪のクレーとライフルの射撃競技を花巻市に誘致することに協力を求める要望書

---

[5] 同10月10日付毎日新聞「次は国際貢献する番だ」。

[6] 同9月10日付毎日新聞「校庭の仮設 撤去0.6％」。仮設住宅について、震災後設けられたプレハブには岩手、宮城、福島、茨城4県で4万2,124戸に9万1,471（2,014年7月1日現在）が暮らす。

[7] 同4月23日付下野新聞「被災地での予選増を」。一方で、「東日本大震災から3年以上が過ぎたが、現地を訪れる度に痛感させられるのは、遅々として復興が進まない現実」「今後、五輪に向けたインフラ整備が本格化すれば復興工事が一段と遅れるのは避けられない」「スポーツ界が強化費の増額を求める一方で、復興予算不足に悩む人たちがいる」「東京五輪を目指す全てのスポーツ関係者には被災地を訪れ、自分自身に問いかけてほしい」といった指摘もある（山口香、2014年8月12日付日本経済新聞「五輪で背負うものは」）。また、「五輪招致活動や復興支援の際に必ず使われる『スポーツの力』という言葉が、私には浮ついて聞こえていた」「東京一極集中が加速し、置き去りにされるのでは。東北の人々の五輪への懸念を、スポーツがすべてぬぐい去れるわけではない」一方で、復興と五輪をつなぐキーワードであるとして「参加」を強調する声もある（野村周平、同8月21日付朝日新聞「市民参加で五輪につなげ」）。

90　第 7 章　震災復興と復興五輪

を、県庁や同市役所に提出した[8]。また、2020年東京五輪に向けた予算関連で、選手40人の遠征費を補助する福島県は、「被災地も元気と世界に伝えたい」とした[9]。

　東京五輪組織委員会は2014年 7 月29日、被災地復興支援の取り組みを検討する連絡協議会の初会合を東京都庁で開いた。組織委のほか、岩手県、宮城県、福島県、東京都や国などが参加した。復興五輪の関連では被災県から、各国選手団の事前合宿誘致への協力や被災地での聖火リレー実施を要望する声が相次いだ。実施予定の32事業には「被災地の復興した姿の世界発信」も含まれている[10]。

　招致段階では「スポーツの力による東日本大震災からの復興への寄与」が掲げられたが、同年10月10日に発表された新ビジョン骨子の要約を見る限り、復興五輪という言葉は見当たらない。

　2020年東京五輪は震災から 9 年後の大会でもあり、復興を目指す被災者をどう元気づけるかなども大切な課題となる。そして、「弱い立場の人への心配りが行き届いた国」として、日本の良さを世界にアピールするチャンスでもあるという記述もある[11]。

（2）復興五輪の試金石

　スポーツ施設「Jヴィレッジ」（福島県楢葉町、同広野町）は原発事故後、国や自衛隊、東電などの事故対策拠点となった。福島県や日本サッカー協会などが出資する運営会社はいわき市でフィットネスジムを開き、中学生のサッカースクールを再開するなど、「細々とではあるが事業を継続」してきた。原発事故発生後、東電はJヴィレッジを運営会社から借りているが、2014年 1 月に2018年をめどとする返還を表明した。

　こうした中、返還が地域住民の帰還の後押しにつながってこそ意味がある

8　同 7 月22日付読売新聞「東京五輪　わが街へ」。
9　2014年 7 月24日付朝日新聞「五輪　我が街に生かせ」。
10　同 7 月30日付産経新聞「東京五輪で東北の祭り再現」。
11　同 9 月 3 日付読売新聞「みんなの力で東京五輪」。

という指摘がある。広野町の担当者は、「Jヴィレッジのような施設が再開することが、住民の帰還、地域の復興を後押しする」「帰町は復興の象徴となる」と話す。しかし、返還後もマイナスの風評は避けられないとの声もある[12]。

その後、福島県は2019年4月までに営業再開する方針を固めた。2020年東京五輪を見据え、チームの合宿誘致につなげる考えである。2014年5月には「Jヴィレッジ復興計画プロジェクト委員会」（日本サッカー協会、東電、地元町で構成）を設置した。サッカー以外の利用拡大に向け、敷地内の林野に新たに遊歩道を整備し、子どもたちの体力づくりにも役立てたいという考えを持つ。福島県は復興計画をもとに、原状回復の費用は東電に請求し、屋内サッカー場など機能強化に必要な予算は国に求める方針である[13]。

Jヴィレッジの復興構想の中間報告素案において、2020年東京五輪をにらみ、ラグビーなどサッカー以外の競技でも利用できる施設への改修などが盛り込まれていることがわかった。福島県、東京電力、日本サッカー協会、地元2町などでつくる「新生Jヴィレッジ復興プロジェクト委員会」が、2014年5月から議論を進めてきていた。初会合では東京五輪前の2019年4月までの再開を基本方針としていた。東京五輪で各国代表の練習拠点にすることを目指している[14]。

福島県のプロスポーツについて、既にサッカーJ3の福島ユナイテッドFCがある。これに加え、2014年10月にはバスケットボールの男子プロリーグ「bjリーグ」加盟の福島ファイヤーボンズが始動した。さらに2015年4月には野球の独立リーグであるBCリーグで新チームが試合を繰り広げる予定である。バスケットボールは「福島復興のシンボルに！」を、野球は「福島創

---

12 同3月10日付読売新聞「元のピッチ　復興遠く」、同朝日新聞「聖地復活　住民あってこそ」、同3月11日付読売新聞「福島帰還の象徴に」。
13 同5月18日付福島民報「31年4月営業再開へ」。
14 同9月4日付産経新聞「五輪へ他競技　使用可能」。1997年開業のJヴィレッジは、5,000人収容のサッカー場に加え、練習場11面、フットサル場4面のほか、宿泊施設などを備えていた。原発事故から政府や東電の対応拠点として使用されている。

生を目指して」を各々設立趣旨に掲げている。教室開催やボランティア活動以外にも、試合会場にはブースを設置し、野球の場合は農産物の直売や各種イベントも実施する[15]。

宮城県石巻市は、復興祈念公園の横に総合型スポーツ施設の運営建設や、国内外の選手の合宿地の整備などを検討している。2014年5月下旬から募った「誘致事業協賛金」には、市内の企業など約100団体から約300万円が集まった[16]。

栃木県宇都宮市の中学校教諭は、福島県の復興支援として、「ふくしまは負けない」と書いたたすきを掛けてマラソン大会に出場しながら、出場者の応援メッセージを集めている。1年1市町村において2012年以降の3年間で集めたメッセージは200を超え、伊達市、飯舘村、浪江町にメッセージが書き込まれた国旗を寄贈してきた。マラソン大会の参加者のエネルギーを被災者に届けたいという思いが原動力となっている。個人の小さな活動が福島の元気につながっている[17]。

4 復興五輪と社会的責務

以上のように本章では、スポーツ事業を通じた震災復興の原点の事例として、福島県におけるクラブ育成アドバイザーによる避難者支援活動に注目し、震災がなければ明確には認識できなかったであろう日常時と非常時の草の根スポーツ支援の価値と意義を再確認した。そして、こうしたスポーツ事業と復興五輪との乖離はあるものの、今後の後者の事業展開は、前者の個々の積み重ねと相互のつながりに掛かっていることが示唆された。

---

[15] 同5月17日付福島民報「プロスポーツ　本県に元気」。
[16] 同9月7日付産経新聞「1964年東京五輪の遺産を石巻へ」。五輪組織委員会総務局長の雑賀真氏は、復興五輪への取り組みについて「まずは被災地の人が、どう考えているのかということを基本にしたい。復興を旗印に利用するという目で見られるのは避けたい」と述べている（同）。
[17] 同5月15日付毎日新聞「届けるエネルギー」。

スポーツを通じた震災復興も復興五輪もまさにこれからである。2020年東京五輪をこの二つの価値を体裁や形式を超越した形で国内外に提示する推進力としなければならない。そして、震災復興と復興五輪がそのためのボトムアップ推進力として作動しなければならないし、五輪終了後においてもその責務の遂行が社会と国家に問われているのではないだろうか。

　復興五輪は2020年東京五輪招致の切り札とされた。スポーツの力を通じて復興した国の姿を世界中の人々に知らしめたいという招致メッセージは、開催の一つの決め手となったことは間違いない。しかし、何を持って「復興」とするのか明確かつ具体的な指標が存在するわけでない。

　被災地では、復興事業に必要な人手や資材を東京五輪の準備に奪われてしまうのではないかとの懸念がある。被災現地の公共事業は人件費が高く設定されているため、人手を引きつける力が強いものの、2020年東京五輪に向けたインフラ整備が本格化すれば、東京でも人件費がさらに高騰するのは間違いない。そうなると、東京が人材を吸い寄せ、被災現地でも復興事業が思うように進まなくなるという指摘もある。

　明らかなのは、2020年の段階では、復興（おそらく復旧も）を完全にやり遂げた姿を世界に提示することはできないということである。原発事故対応など復興の途上で東京五輪は開催され、終了後も私たちは長い道のりを歩んでいかなければならない。

　何をもって復興五輪の達成というのか。被災地域における公共スポーツ施設が住民の地域スポーツ活動の拠点として機能するようになった時、また、草の根的な地域スポーツ活動の理念が実現された時、初めて復興五輪を堂々とアピールできるのではないだろうか。その意味で地域密着のスポーツ復興こそが復興五輪の試金石となる。

　自然災害は世界にとって共通の脅威であり、対策や対応は共通の重要課題である。大災害からの復興において、スポーツは決して無力ではない。草の根レベルのスポーツ環境を整えることは、地域コミュニティに暮らす人々の生活を支援することにつながる。人々が日常生活の中にスポーツ活動を取り入れることのできる環境をもっと作っていくことが大切である。その意味で

スポーツ事業におけるトップダウンの意思とボトムアップの意思の結節点をどう調整するかが問われる。

資　　料

96　資　料

スポーツ活動をめぐる政府、市場、団体、地域住民の好循環・

	→国際・国	→自治体	→団体
国際・国→	3条（国の責務）、4条（地方公共団体の責務）、9条（スポーツ基本計画。国→国）、16条（スポーツに関する科学的研究の推進等。国→国）、19条（スポーツに係る国際的な交流及び貢献の推進。国→国際）、27条1項（国際競技大会の招致又は開催の支援等。国→国際）、29条（ドーピング防止活動の推進。国→国際）、30条（スポーツ推進会議。国→国）、附則2条（スポーツに関する施策を総合的に推進するための行政組織の在り方等の検討。国→国） ●超党派の国会議員からなる「ラグビーW杯2019年日本大会成功議員連盟」が、「東京・国立競技場を8万人収容に改修する」決議を採択（2月）[1]	7条（関係者相互の連携及び協働。以下カッコ内省略）、17条（学校における体育の充実）、22条2項（スポーツ行事の実施及び奨励）、26条3項（国民体育大会及び全国障害者スポーツ大会）、33条1項（国の補助） ●国立競技場大規模改修の動き（ラグビーW杯や東京五輪絡み。都の風致地区内）[2]	7条、15条（スポーツに関する紛争の迅速かつ適正な解決）、16条1項（スポーツに関する科学的研究の推進等）、18条（スポーツ産業の事業者との連携等）、20条（顕彰）、21条（地域におけるスポーツの振興のための事業への支援等）、25条（優秀なスポーツ選手の育成等）、26条（国民体育大会及び全国障害者スポーツ大会）、27条2項（国際競技大会の招致又は開催の支援等）、29条（ドーピング防止活動の推進）、33条3項（国の補助）、35条（審議会等への諮問等。国→社会教育関係団体） ●味の素ナショナルトレーニングセンター（NTC）の設置（2008年）[3] ●文科省のマルチサポート事業（2010年度は09年度の6倍増の約19億円。11年度は約22億円）[4] ●総合型地域スポーツクラブの育成推進や指導者養成など文科省から体協への委託[5] ●メダルを狙える競技を国が直接支援するマルチサポート事業[6] ★「リフレッシュ。キャンプ」（福島県西郷村の国立那須甲子青少年自然の家）など、文科省主催の復興支援事業に「一般社団法人日本アスリート会議」が協力[7] ●「基本法はカネによる国家の管理強化、招致には国民の熱意欠如という根本部分での懸念が消えない」[8] ●日本水連がIOCの第2回スポーツ環境賞を受賞（マイボト

資　　料　　97

連携・協働の分析枠組みと諸事業（本書の第2章を参照）

→学校	→市場（民間事業者）	→地域・住民
7条、13条（学校施設の利用）、17条（学校における体育の充実）、20条（顕彰）、28条（企業、大学等によるスポーツへの支援）、33条2項（国の補助）	7条、16条1項（スポーツに関する科学的研究の推進等）、18条（スポーツ産業の事業者との連携等）、28条（企業、大学等によるスポーツへの支援）、●イングランドプレミアリーグのテレビ放送権料をめぐるECJの司法判断[10]	6条（国民の参加及び支援の促進）、7条、11条（指導者等の養成等）、12条（スポーツ施設の整備等）、13条（学校施設の利用）、14条（スポーツ事故の防止等）、17条（学校における体育の充実）、20条（顕彰）、21条（地域におけるスポーツの振興のための事業への支援等）、23条（体育の日の行事）、24条（野外活動及びスポーツ・レクリエーション活動の普及奨励）、25条（優秀なスポーツ選手の育成等）、 ★スロバキアのカヌー連盟が同国で行われるジュニア（中高生）の国際大会に招待の打診（5月）[11] ●富山県のスポーツ専門員として県営カヌー場（上市町）を「職場」とするカヌー選手[12] ●「基本法の背景をみると、財源やスポーツ行政の一元化を求めるスポーツ組織だけでなく、経済界のもくろみや国力を顕示したい政治的意図が読み取れる」「スポーツにまつわるビジネスや政治がうごめいている」[13] ●米大リーグ、ドジャースの元会長補佐の生原昭宏氏（故人）の長男で、米ロサンゼルス在住の内科医・睦夫さんが、「国際医療団体（IMC）」の一員として東日本大震災の被災地（宮城県東松島市や岩手県陸前高田市など）で救援活動（3月14日～4月7日）[14]

			ル・マイカップの普及促進キャンペーンなどによる)9
自治体→	4条（地方公共団体の責務）、7条、19条（スポーツに係る国際的な交流及び貢献の推進）、31条（都道府県及び市町村のスポーツ推進審議会等） ★10月22日、23日開催の自転車レース「ジャパンカップ」に向け、宇都宮市は日本自転車競技連盟と連携し、放射線量の数値や福島県の避難者受け入れなど、栃木県の安全性を海外に訴える（事前資料には成田空港や県の放射性物質のデータを英文表記）15	7条、10条（地方スポーツ推進計画） ●島根県奥出雲町（1982年の島根国体で町がホッケー会場）では、県外の強豪大学を卒業した選手がUターン就職し、子供を指導する好循環。県外からのチーム合宿で町おこしも16 ●1986年国体開催の山梨県では、当時、教員や県職員の採用枠を大幅に拡大し、県立高校の保健体育教員枠は例年の6倍に17	7条、20条（顕彰）、21条（地域におけるスポーツの振興のための事業への支援等）、26条1項2項（国民体育大会及び全国障害者スポーツ大会）、34条（地方公共団体の補助）、35条（審議会等への諮問等。国→社会教育関係団体） ●さいたまスポーツコミッションによるスポーツツーリズム18 ●愛媛県・県内20市町による四国アイランドリーグ愛媛への出資（野球の独立リーグ）19 ●栃木県グリーンスタジアム（J2の栃木SC本拠地）の固定席等のJ1基準への対応20 ●野球の独立リーグ四国IL高知の練習場のある越知町（人口約6,400人）が球場の整備費など負担。小口の地元スポンサーも増大21 ●水戸商工会議所がJ2水戸の新スポンサーに決まる22
団体→	7条、 ●五輪憲章「NOC（国内オリンピック委員会）は自立性を保持しなければならず、（略）政治的、法的、宗教的、経済的圧力などを含む、あらゆる種類の圧力に抗しなければならない」28 ●IOCが2010年に、14-18歳を対象とする「ユース五輪」を創設29 ●「政治からの自立と自由の確保のためには、国に頼ってばかりではなく、自	7条、 ●スポーツ団体の役員、選手約60人が2020年五輪の開催立候補を都知事に要請（6月23日）31 ●野球の独立リーグにおける「信濃モデル」（BCリーグの信濃グランセローズは全36試合の興行権を地	5条（スポーツ団体の努力）、7条、 ●プロ野球開幕問題解決に日本野球機構（NPB）組織内ガバナンスの機能不全。方向性を正したのは監督官庁と選手会）34 ●Jリーグのクラブライセンス制度（2013年に導入予定）35 ●日本サッカー協会が、選手所属クラブが海外挑戦を希望し、協会も有力と考える選手を経済的に支援する制度を発足（2010年）36 ★岩手県内の釜石市（根浜海岸での国際大会中止）以外のトライア

資　　料　　99

7条、17条（学校における体育の充実）、 ★市貝中は震災で栃木県内中学校で唯一、校舎などが使用禁止に。部活動は町の体育施設が集中する同公民館周辺で実施。室内競技は同公民館に隣接する町農業者トレーニングセンターを週替わりで使用。県内では小学校でもスポーツ少年団活動に支障。高根沢阿久津小など他校や町有の施設を利用[23]	7条、 ●スタジアムを保有する自治体とプロ野球球団との相互協力（宮崎県、宮城県）[24] ●岩手競馬は岩手県などから融資を受けて存続。その際に県は災害対策に使われる基金を取り崩して対応（2007年）[25]	6条（国民の参加及び支援の促進）、7条、11条（指導者等の養成等）、12条（スポーツ施設の整備等）、13条（学校施設の利用）、14条（スポーツ事故の防止等）、17条（学校における体育の充実）、20条（顕彰）、21条（地域におけるスポーツの振興のための事業への支援等）、22条1項（スポーツ行事の実施及び奨励）、23条（体育の日の行事）、24条（野外活動及びスポーツ・レクリエーション活動の普及奨励）、32条1項（スポーツ推進委員） ●2020年夏季五輪の東京立候補について、「復興」したから五輪ではなく、（略）五輪によって、決して元には戻らない／戻せない「復興」を印象づけるだけ[26] ●「今回『副産物』としてもたらされた地域のスポーツ振興を、国体開催の主目的に捉えるべきだ」[27]
7条、 ●日本高野連が「特待生問題有識者会議」を設置（2007年）[43] ●全国高体連が駅伝最長区間の1区から留学生を除外（2008年）[44] ●日本サッカー協会が東京都江東区内に拠点校を設け、複数の学校から選手が集まって、活動できる取組[45] ●日本サッカー協会が、公立中学校に女子サッカー部を作ってもらおうと働きか	7条、 ●JOCによるトップアスリートの就職支援事業「アスナビ」（2010年）[49] ●JリーグがCS放送のスカパ！を軸とした放送形態を選択（2007年）[50] ●BCリーグ	6条（国民の参加及び支援の促進）、7条、 ●四国アイランドリーグ愛媛による年150超の地域貢献活動（小学生の登下校中のガードマンなど）[52] ●サッカーの女子なでしこリーグの5チームは非営利組織（NPO）が運営する市民クラブ[53] ●なでしこリーグ戦の約6割は無料試合[54] ●体協の総合型地域スポーツクラブ育成委員会企画班によるクラブ支援[55] ●JOC、IOCなどが被災地で国内外の五輪選手らも参加する「オリンピックデー・フェスタ」を開催（10月10日に宮城県仙台市と東松島市、11月5日に岩手県大槌町。今後3年間で60カ所近い開催を目指す）。大槌町長「子供たちの笑顔を目の

	主財源の確保と増加を怠ってはならない」[30]	元紙の信濃毎日新聞に売却。本拠地の長野県中野市は市営球場を通常の半額で開放。市の体育館を屋内練習場に改修など)[32] ● J2北九州のステッカーは4,000台のタクシー、1,000台の市の公用車やバスなどに張ってもらい、市立の全小学校では毎日、応援歌を流してもらっている[33]	スロン関係者による大会・イベントの創設（花巻市、八幡平市、北上市)[37] ●国体の山口選手団資格問題[38] ● JOCが7月に「国際人養成事業」を開講[39] ●日本ボクシングコミッション（JBC）に違法な経理処理があったとして、日本プロボクシング協会がJBCと別の試合管理団体の暫定的設立を発表（6月23日)[40] ★日体協が大震災被害の大きかった岩手、宮城、福島の3県の選手団について、山口国体（10月1日～11日）の参加費免除を決定（6月23日)[41] ●東日本大震災の復興支援を目的とした社会人野球のチャリティー京都交流試合（日本野球連盟近畿地区連盟などが主催）が4月30日に京都市のわかさスタジアムなどで開幕[42]
学校→	7条、	7条、 ●高校総体の東北4県での開催（7月28日～8	7条、 ●愛媛県の高校・大学の指導者が選手を四国アイランドリーグ愛媛へ送り出す好循環[64]

け[46] ●日本トランポリン協会・日本ウエイトリフティング協会の働きかけで金沢学院大学が同2種目を強化[47] ●日体協と東京都体協、東京都教育委員会による人材バンク事業。日本体協公認のスポーツ指導者資格を持つ人材を都内の中学、高校の部活動の指導者として紹介する試み[48]	信濃の退団選手がスポンサーの大手きのこ会社に就職。地元の信濃毎日新聞で働く元選手の存在[51]	当たりにして、救われたような気がした」「震災後の支援は、選手やスポーツ界が、その社会的な価値や責務を自覚したという意味で、大きな一歩」[56] ★日体協とJOC、日本サッカー協会が3月25日、東日本大震災の被災地にある全小学校に選手らを派遣し、子どもたちの心のケアにあたる支援策を固める。国内の球技団体が集まる日本トップリーグ連携機構や日本オリンピアンズ協会などにも協力呼びかけ[57] ●東北サッカー協会が組織内に支援センターを開く。J1仙台やJFLのソニー仙台のスタッフも参加。各地の人脈を駆使して被災地の状況を調査。サッカー用品から衣類、食品に至るまで、全国から寄せられるありとあらゆる支援物資の配送を行う（直接の支援対象はサッカークラブや学校のサッカー部）[58] ●プロバスケットボール・bjリーグの仙台89ERSは地震発生後、職員やチアリーダーが頻繁に避難所や小中学校を訪問、支援物資を届けたり、体操教室を開くなどした[59] ●被災地の子供たちにサッカー観戦を提供するためにJリーグのベガルタ仙台が5月半ばに新営業活動を開始。1口31万5,000円でスポンサーを募り、チケットや送迎バスの費用に充てる。クラブの自己資金でも毎試合100〜200人を招く予定。バスケットボール、bjリーグの仙台89ERSによる「キッズスマイルプロジェクト」を通じた小中学生向けバスケットボール教室（震災孤児はスクールの授業料を中学校卒業まで無料に）[60] ●小中学生にサッカーを教え、幼稚園児に体を動かすことの楽しさを教え、J1浦和の普及活動を行うハートフルが、2010年度だけで559回開かれ、延べ3万2,195人が参加[61] ★宇都宮市サッカー場で、4月7日、福島県から避難の子供たちを対象に、J2栃木SCの選手らによるサッカー教室が開催[62]
7条、 ●全国高体連が、被災地からの転校生について「転校後6カ月未満のものは参加を認め	7条、 ●J2京都の育成プログラム「スカラー	7条、

			月20日）[63]	
市場（民間事業者）	7条、 ●国際陸上競技連盟や国際水泳連盟とスポンサー権販		7条、 ●菓子メーカー「ブルボン」（本	7条、 ●四国アイランドリーグ愛媛の株主が97団体に[75]

資　料　103

ない」とする規定を適用しないよう、各都道府県高体連に依頼[65] ★福島大「青春スポフェス」（8月17日）において、県内の他校に分散して授業を行う「サテライト校」制度をとる高校8校の生徒や受け入れ校の生徒を招く[66] ★岩手大「いわてスポーツクリニック」（8月27〜28日。沿岸部の中学6校から4競技の部員165人を招く）[67] ●双葉高（福島県双葉町）、原町高（同県南相馬市）、相馬農高（同）の野球部が連合チーム「相双福島」を結成。浪江高（同県浪江町）のソフトボール部は福島明成高（福島市）とチーム結成[68] ★岩手県大船渡高に北海道鵡川高から物資（バット、スパイク、ユニホーム、ベルト、帽子など）が届く[69] ●栃木県高体連相撲専門部委員長（黒羽高教）による県総合運動公園相撲場での関東大会の準備（茨城県土浦市で行われる予定が震災の影響で急きょ代替開催を受け入れる）。県体育館で行われる予定だった空手道は震災後、宇商体育館に会場変更[70] ●盛岡大付がユニホーム一式とバッグを集め、釜石市や宮古地区の学校に送る[71]	アスリートプロジェクト」（京セラと立命館の連携。立命館大への内部進学）	
7条、 ●あるJ2クラブが複数の新卒選手の母校にトレーニング	7条、 ●岩手県競馬「南部杯」を	7条、 ●IT企業「日立システム」（現日立ソリューションズ）による障害者スキー部の設立（2004年）[83]

	売の独占契約を結んでいる電通が、シンガポールに「電通スポーツアジア」という新会社を設立（2010年12月）。韓国、中国、台湾、インド、中東などで両連盟が主催する国際大会のスポンサー先獲得の狙い[72]	社は新潟県柏崎市）による地元の水球社会人チームのネーミングライツ（命名権）の取得（2010年）[73] ●東京電力がJヴィレッジを福島県楢葉、広野両町にまたがる敷地に建設（1997年7月）[74]	●地域企業が「ワンハンドレッドオーナーズクラブ」を通じて、なでしこリーグのINACを「広く、薄く」支えるシステム[76] ●害虫駆除会社の「雨宮」（名古屋市北区）がホッケークラブチーム「名古屋フラーテル（FT）」に年間数百万円を支援。FTを運営するNPO法人の会員企業が、基本的に1社1人の選手を雇用[77] ●「スポーツ団体は電通に任せきり。スポーツ界にノウハウが蓄積されなかった」[78] ●サッカーJ1新潟に亀田製菓（本社・新潟市）が今季から3年間のスポンサー契約継続を発表。ホームセンターのコメリ（同）も資金提供[79]
地域・住民→	7条、	7条、32条2項3項（スポーツ推進委員） ●「しまもとバンブークラブ」の設立（2007年。大阪府島本町。事務局は町立の文化施設）[92]	7条、 ●「しまもとバンブークラブ」（大阪府島本町）は月会費1,000円で、受講した教室ごとの会費も徴収する受益者負担を採用。英会話など文化系教室も。スポーツ振興くじ（toto）など公的助成に頼らないモデルケースのクラブ[93] ●「釜石シーウェイブス（SW）」を支えようと、チームの前身である新日鉄釜石のOBらが、5月4日に支援組織「スクラム釜石」を立ち上げる[94]

資　料　105

費用を払う確約の念書を送付（2009年シーズンオフの移籍金撤廃の影響）80 ●栃木県矢板中央高が東北の高校サッカー部の練習受け入れを開始（福島県尚志高、仙台市聖和学園高）81	東京開催にし、主催も日本中央競馬会（JRA）に（10月10日）。 ●日本製紙石巻硬式野球部にJR東日本東北がグラウンド使用の申し出82	●大阪市・日本生命が8月に石巻市と郡山市で野球教室の実施84 ●第82回都市対抗野球出場32チームが多くが、支援活動（食料や衣料、野球用具などの提供等）を実施85 ●社会人野球チームの熊本ゴールデンラークスと本田熊本が3月20日にチャリティー野球教室を開催86 ●北海道日本ハムファイターズによる顧客との「直接」ビジネス87 ●ダイキ（本社愛媛県松山市）会長によるスポーツ支援（ボート、ビーチバレー、ゴルフ）88 ●Jリーグ「宮城・東北ドリームプロジェクト」（DP）により、J1仙台のホームゲーム計12試合に子どもたち約1,100人を招待89 ●宮崎県内12企業が水泳の松田選手に対する支援を決定（2010年。延岡発祥のコスモス薬品や延岡商工会議所が尽力）90 ★宇都宮市の「ビッグツリースポーツクラブ」が地震発生の翌日から被災者を対象に、入浴施設を無料で開放。従業員が県内の断水地域に水を差し入れたり、インストラクターが避難所でストレッチ講座を開催91
7条、 ★滋賀県膳所高のヨットを同県大津市内のヨット愛好家が車で岩手県立宮古高・宮古商高に運ぶ95 ●保護者や地域住民が石巻商高カヌー部のために臨時の艇庫をつくる96 ●「特に都会では、小中学校自体が、迷惑施設とも捉えられる向きがあるのだとか。校内放送や子供たちの声を騒音と捉える住民もいるようだ」97 ●福島県いわき海星高に地元出身のスポーツライターの呼びかけで全国からクラブや	7条、	7条、32条2項（スポーツ推進委員） ●パラリンピック走り幅跳び日本代表選手（アテネ・北京大会）による被災地支援100 ●「ロダン体操」（静岡県藤枝市）、「囲碁ボール」（兵庫県丹波市）、「スカイクロス」（京都府）などのご当地スポーツ101 ●サッカーの東北社会人リーグ2部のコバルトーレ女川（宮城県女川町）が小学校や公園での無料のサッカー教室を定期化102 ★「復興米崎卓球会館」（岩手県陸前高田市）の設置103 ★NPO法人「石巻スポーツ振興センター」による地元の小学生対象のスポーツイベントや、募金活動で集めた金で運動用具を学校に寄贈する「わんぱく復興プロジェクト」の実施104 ●少年サッカー大会「第12回ラモス瑠偉杯ウジョン2011」（大阪市で8月24-25日に開催）で福島県

106　資　料

注：上記図表中の法律はスポーツ基本法。また、★印は、とくに筆者がスポーツを通じた震災復興の主な萌芽

1　「『遺産』競技場に光」（産経新聞2011年7月16日付）。
2　「国立競技場　改修の動き」（産経新聞2011年8月4日付）。
3　ロンドン五輪取材班「残り1年 日本さあ勝負」（産経新聞2011年8月20日付）。
4　ロンドン五輪取材班「残り1年 日本さあ勝負」（産経新聞2011年8月20日付）。
5　滝口隆司、平本泰章「スポーツ100年　4　現在・過去・未来」（毎日新聞2011年7月26日付）。
6　「ロンドン五輪まで1年」（日本経済新聞2011年7月27日付）。
7　由利英明「連携　アスリートNPO」（朝日新聞2011年9月13日付）。
8　小沢剛「カネによる管理強化懸念」（下野新聞2011年6月22日付）。
9　由利英明「地道なエコ活動に光」（朝日新聞2011年5月19日付）。
10　畔川吉永久「揺らぐ放送権料商法」（読売新聞2011年10月25日付）。

資　料　107

ボールが届く（プロ野球西武の選手、東京都帝京高野球部、社会人野球パナソニックから）[98] ● 大震災後の仮設住宅建設でグラウンドが使えない岩手県陸前高田市立第一中サッカー部が 4 月30日、同県遠野市の交流試合に招かれる。遠野市サッカー協会が「ライバル応援サッカー交流会」として企画し、岩手、宮城両県の 5 チームが招かれ、盛岡、遠野両市のチームと対戦[99]	から少年45人を招待[105] ● カーリングの「チーム岩手」のメンバーに医師たちがいるシニアは 4 月の世界選手権出場を辞退し、遺体の身元確認や診療、病院機能の維持などを担う[106] ★ サッカー東北社会人リーグ 1 部の福島ユナイテッドが、福島市サッカー協会と共同でスポンサーを募って児童を遠足に連れ出す計画。NPO法人クラブネッツ（福島市）が「子ども支援プロジェクト」を立ち上げる[107] ● サッカークラブ、塩釜 FC は集まった日用品と食料品を交番の警察官と一緒に近隣の町内会に声をかけ、独居老人に届ける（行政の支援物資が届くまでのつなぎに）。岩手県の大船渡三陸 FC はトラックで塩釜 FC に駆けつけ、サッカー用品も含め、岩手県沿岸部の被災地へリレー（陸前高田市、釜石市、大槌町、山田町、宮古市）[108] ● バレーボールのプレミアリーグ FC 東京の一選手（宮城県大崎市出身）が 3 月30日から 2 週間、仙台市に応援出張し、毎日数十軒のガス開栓作業に従事。総監督（盛岡市出身）は、高校生選手のためにユニホームやジャージの古着約100着、バレーボール約200個を集め、4 月 7 日に岩手県大船渡市に自家用車で輸送。さらに 1 週間、車に寝泊まりしながら、がれき撤去などのボランティア活動に従事

的典型例として把握している諸事業である。

11　平本泰章「希望の夏　インターハイを目指して（3）」（毎日新聞2011年 7 月22日付）。
12　「地域スポーツノート　五輪選手を育てる 4 」（朝日新聞2011年 8 月19日付）。
13　井谷恵子「物足りない『スポーツ権』への視点」（毎日新聞2011年 6 月25日付）。
14　田中義郎「野球と医療　日米つなぐ」（毎日新聞2011年 4 月 9 日付）。
15　「安全性アピール、開催へ」（下野新聞2011年 5 月27日付）。
16　小林悠太「閉幕後の普及がカギ」（毎日新聞2011年10月15日付）。
17　小林悠太「閉幕後の普及がカギ」（毎日新聞2011年10月15日付）。
18　「スポーツで観光振興　さいたま市、初の専門組織」（日本経済新聞2011年10月24日付）。
19　「地域スポーツノート　独立考」（朝日新聞2011年10月21日付）。
20　「J1見据え環境整備急げ」（下野新聞2011年 8 月19日付）。
21　「練習の合間　コメ・野菜作り」（朝日新聞2011年10月19日付）。

108　資　料

22　軍地哲雄「被災の水戸から元気発信したい」（読売新聞2011年4月26日付）。
23　「練習場所求め校外へ」（下野新聞2011年5月25日付）。
24　藤井純一「球団と行政 協調を」（日本経済新聞2011年10月25日付）。
25　関根慶太郎「瀬戸際の被災地競馬」（日本経済新聞2011年7月23日付）。
26　小笠原博毅「震災『復興』掲げる疑問」（「論点　20年夏季五輪　東京立候補」毎日新聞2011年7月22日付）。
27　箕田拓太「国体の在り方　優勝よりスポーツ振興図れ」（朝日新聞2011年10月25日付）。
28　滝口隆司、平本泰章「スポーツ100年　4　現在・過去・未来」（毎日新聞2011年7月26日付）。
29　「体協100周年」（下野新聞2011年7月25日付）。
30　小沢剛「カネによる管理強化懸念」（下野新聞2011年6月22日付）。
31　「強化・普及の呼び水に」（産経新聞2011年7月17日付）。
32　渡辺芳枝、山口裕起「大胆手法　黒字を生んだ」（朝日新聞2011年10月18日付）。
33　吉田誠一「素顔さらして名前売る」（日本経済新聞2011年6月22日付）。
34　藤井純一「改革の知恵　12球団で」（日本経済新聞2011年3月26日付）
35　吉田誠一・関根慶太郎、馬場到「変われるかJリーグ」（日本経済新聞2011年8月13日付）。
36　奥山次郎、奥村新哉「協会のアシスト奏効」（産経新聞2011年7月22日付）。
37　安田光高「大会と街の復活目指し」（毎日新聞2011年9月8日付）。佐賀秀玄「鉄人レース　灯消さない」（読売新聞2011年7月28日付）。
38　芳賀竜也「スポーツ100年　6　現在・過去・未来」（2011年9月27日付）。
39　稲垣康介「五輪招致　9年後に思いを馳せよう」（朝日新聞2011年8月19日付）。
40　「不正経理告発　JBC分裂も」（毎日新聞2011年6月24日付）。
41　芳賀竜也「被災3県の参加費免除」（毎日新聞2011年6月24日付）。
42　藤倉聡子「被災チーム 元気に」（毎日新聞2011年5月1日付）。
43　井沢真、平本泰章「スポーツ100年　5　現在・過去・未来」（毎日新聞2011年8月23日付）。
44　井沢真、平本泰章「スポーツ100年　5　現在・過去・未来」（毎日新聞2011年8月23日付）。
45　江連能弘「中学のプレー環境整備を急げ」（毎日新聞2011年7月27日付）
46　畔川吉永、軍地哲雄、清水裕「基礎からわかる『なでしこジャパン』」（読売新聞2011年7月28日付）。
47　永田篤史「地域スポーツノート　五輪選手を育てる3」（朝日新聞2011年8月18日付）。
48　「部活強化へ　"特効薬"」（産経新聞2011年5月20日付）。
49　芳賀竜也「スポーツ100年　7 現在・過去・未来」（毎日新聞2011年10月25日付）。
50　吉田誠一・関根慶太郎、馬場到「変われるかJリーグ」（日本経済新聞2011年8月13

日付)。
51 「地域スポーツノート 独立考」(朝日新聞2011年10月21日付)。
52 「地域スポーツノート 独立考」(朝日新聞2011年10月21日付)。
53 武智幸徳「なでしこ 輝き続けるか」(日本経済新聞2011年7月24日付)。
54 吉田純哉「なでしこ活況 進むか有料化」(朝日新聞2011年7月30日付)。
55 由利英明「住民主体型への挑戦」(朝日新聞2011年6月25日付)。
56 結城和香子「スポーツで被災地支援 社会的価値 再認識にも」(読売新聞2011年11月9日付)。
57 百留康隆「小学校に選手派遣」(毎日新聞2011年3月26日付)。
58 「東北サッカー団結」(毎日新聞2011年4月19日付)。
59 「地域密着『一番の使命』」(産経新聞2011年5月11日付)。
60 「未来のファン 元気に」(日本経済新聞2011年6月15日付)。
61 河野正樹「ビッグクラブの地道な活動」(朝日新聞2011年6月14日付)。
62 岩壁峻「競技超え支援の輪」(毎日新聞2011年4月16日付)。
63 青山綾里「震災を歩く 北東北の熱い夏」(産経新聞2011年8月26日付)。
64 「地域スポーツノート 独立考」(朝日新聞2011年10月21日付)。
65 井沢真「希望の夏 インターハイを目指して(2)」(毎日新聞2011年7月21日付)。
66 石井朗生「地元大学を軸に支援」(毎日新聞2011年9月9日付)。
67 石井朗生「地元大学を軸に支援」(毎日新聞2011年9月9日付)。
68 藤田健志「連合チームで部活継続」(毎日新聞2011年9月10日付)。
69 山下弘展、青田貴光、渡辺芳枝「負けるな!被災球児」(朝日新聞2011年4月26日付)。
70 「準備に追われる関係者」(下野新聞2011年5月26日付)。
71 国吉美香「野球の絆にありがとう」(朝日新聞2011年6月18日付)。
72 酒瀬川亮介「拡大市場 商機見つけた」(朝日新聞2011年7月2日付)。
73 芳賀竜也「スポーツ100年 7 現在・過去・未来」(毎日新聞2011年10月25日付)。
74 「Jヴィレッジで地域懐柔」(読売新聞2011年9月21日付)。
75 「地域スポーツノート 独立考」(朝日新聞2011年10月21日付)。
76 畔川吉永、軍地哲雄、清水裕「基礎からわかる『なでしこジャパン』」(読売新聞2011年7月28日付)。
77 岡田健「地域スポーツノート 五輪選手を育てる5」(朝日新聞2011年8月20日付)。
78 酒瀬川亮介「拡大市場 商機見つけた」(朝日新聞2011年7月2日付)。
79 「背中に透ける企業の決断」(朝日新聞2011年6月16日付)。
80 「移籍金撤廃 経営に痛手」(読売新聞2011年6月7日付)。
81 「グラウンド貸与 "練習アシスト"」(下野新聞2011年4月15日付)。
82 亀岡典子「僕たちのプレーボール4」(産経新聞2011年8月8日付)。
83 芳賀竜也「スポーツ100年 7 現在・過去・未来」(毎日新聞2011年10月25日付)。

110　資　　料

84　田内隆弘、吉見裕都「震災を超えて④」(毎日新聞2011年10月21日付)。
85　田内隆弘、吉見裕都「震災を超えて④」(毎日新聞2011年10月21日付)。
86　田内隆弘、吉見裕都「震災を超えて④」(毎日新聞2011年10月21日付)。
87　藤井純一「『直接』取引の勧め」(日本経済新聞2011年8月9日付)。
88　松沢憲司「地域スポーツノート　五輪選手を育てる2」(朝日新聞2011年8月17日付)。
89　金子智彦「復興への歩み　地域と共に」(朝日新聞2011年8月30日付)。
90　由利英明「『アスリートの町』12社が支援」(朝日新聞2011年8月21日付)。
91　矢萩雅人「栃木の企業力」(読売新聞2011年4月22日付)。
92　由利英明「住民主体型への挑戦」(朝日新聞2011年6月25日付)。
93　由利英明「住民主体型への挑戦」(朝日新聞2011年6月25日付)。
94　「釜石SW支援へ『スクラム』」(朝日新聞2011年5月5日付)。
95　井沢真「被災地で開かれた高校総体」(毎日新聞2011年8月26日付)。
96　平本泰章「希望の夏　インターハイを目指して(3)」(毎日新聞2011年7月22日付)。
97　金子昌世「いまこそ問われるスポーツの力」(産経新聞2011年4月13日付)。
98　山下弘展、青田貴光、渡辺芳枝「負けるな！被災球児」(毎日新聞2011年4月26日付)。
99　飼手勇介「復興へキックオフ」(毎日新聞2011年11月5日付)。
100　青木絵美「ひと」(2011年8月26日付毎日新聞)。
101　「老若男女、ご当地スポーツ」(日本経済新聞2011年7月25日付)。
102　吉田誠一「ピッチで戦えなくても」(日本経済新聞2011年8月3日付)。
103　石井朗生「震災4カ月で卓球場」(毎日新聞2011年9月6日付)。
104　田中義郎「まず子供たちを元気に」(毎日新聞2011年9月7日付)。
105　野村和史「『阪神』から届く友情」(毎日新聞2011年9月11日付)。
106　後藤太輔「必ず世界へ　氷上の結束」(朝日新聞2011年5月26日付)。
107　「未来のファン　元気に」(日本経済新聞2011年6月15日付)。
108　「助け合う　それがクラブ」(朝日新聞2011年4月14日付)。

著者紹介

中 村 祐 司（なかむら　ゆうじ）
1961年　神奈川県生まれ
1987年　早稲田大学大学院政治学研究科修士課程修了
1991年　早稲田大学大学院政治学研究科博士課程満期退学
2003年　博士（政治学、早稲田大学）
現　在　宇都宮大学地域デザイン科学部教授
　　　　同大学院地域創生科学研究科教授
　　　　専攻　地方自治・行政学

単　著
『スポーツの行政学』（成文堂、2006年）
『"とちぎ発"地域社会を見るポイント100』（下野新聞新書２、2007年）
『政策を見抜く10のポイント』（成文堂、2016年）
『危機と地方自治』（成文堂、2016年）
『2020年東京オリンピックの研究』（成文堂、2018年）
『2020年東京オリンピックを問う』（成文堂、2020年）
『2020年東京オリンピックの変質』（成文堂、2021年）
『2020年東京オリンピックとは何だったのか』（成文堂、2022年）

共　著
『地方自治の基礎』（一藝社、2017年）など

スポーツと震災復興

2016年１月20日　初版第１刷発行
2024年４月１日　初版第２刷発行

著　者　中　村　祐　司
発行者　阿　部　成　一

〒162-0041　東京都新宿区早稲田鶴巻町514番地
発行所　株式会社　成文堂
電話 03(3203)9201　Fax 03(3203)9206
http://www.seibundoh.co.jp

製版・印刷・製本　藤原印刷　　　　　　検印省略
©2016　Y. Nakamura　　Printed in Japan
☆落丁・乱丁本はおとりかえいたします☆
ISBN978-4-7923-3341-6　C3031

定価（本体2,400円＋税）